Autodisciplina y dominio de la fortaleza mental: Superar la dilación, desarrollar hábitos de éxito, atención plena y una mentalidad de crecimiento y enfoque, motivación y productividad para alcanzar sus metas

Por Life Fulfillment Academy

Contenido

INTRODUCCIÓN

En el mundo hiperconectado de hoy, es imposible escapar o ignorar las imágenes de éxito en todas las áreas de la vida. Las redes sociales están inundadas de ellos, y los conceptos de éxito y triunfo están plasmados en los rostros de celebridades, héroes deportivos y músicos que vemos en la televisión y en periódicos y revistas. Uno solo tiene que pasar unos minutos desplazándose por Facebook o Instagram para ver fotos y videos de personas que logran cosas increíbles, ya sean actuaciones musicales estelares, hazañas de atletismo, condición física o resistencia, éxito financiero en los negocios o la creación de bellas artes.

Es tentador descartar el éxito de otras personas como el resultado de conexiones afortunadas, talento innato o simplemente suerte tonta, pero independientemente de quién esté hablando o en qué área han tenido éxito, hay una cosa que cada persona exitosa tiene en común : La autodisciplina.

Si bien la autodisciplina es crucial cuando se trata del éxito y el crecimiento en todas las áreas de la vida, hay algo maravilloso que la separa de cosas como el talento y la suerte: está disponible para absolutamente cualquier persona, independientemente de sus antecedentes, circunstancias o habilidades.

Contrariamente a la creencia popular, la autodisciplina no es algo con lo que nacemos o no. En cambio, es una habilidad que se puede aprender, un hábito que se puede cultivar, cultivar y desarrollar, y con las herramientas adecuadas y un enfoque informado puede hacer maravillas en la vida de cualquier persona.

Esto no quiere decir que el talento, las afinidades naturales por ciertas materias o actividades y, por supuesto, la vieja suerte no desempeñen un papel en la determinación del éxito en el área elegida; ciertamente lo hacen, pero sin el elemento de autodisciplina trabajando en conjunto con estos elementos, el éxito y el logro siempre estarán frustrantemente fuera del alcance. La autodisciplina es tan poderosa, de hecho, que puede pensar que es un gran nivelador; Con el arma de la autodisciplina poderosamente desarrollada en su arsenal, puede igualar o superar los logros de aquellos que tienen un talento innato tremendo pero que carecen de esta habilidad esencial.

¿Qué sucede cuando carecemos de autodisciplina o cuando descuidamos desarrollarla y cultivarla como una habilidad y un hábito? La respuesta a esta pregunta es simple y deprimente: Nada. Nada se puede lograr o lograr sin él. Esto se aplica en todas las áreas de la vida, desde la alimentación saludable y el estado físico hasta el éxito en el trabajo o el desarrollo y la progresión de los intereses y pasatiempos de uno.

La falta de autodisciplina resulta en letargo y dilación, y cuanto más se pierda en estas cosas, más difícil será liberarse de su dominio. ¿Cómo usted va a ponerse en forma cuando todo lo que hace es sentarse en el sofá y mirar Netflix? ¿Cómo va a perder peso y mejorar su salud cuando todo lo que puede hacer en términos de preparación de alimentos es arrojar una cena congelada preparada en el microondas? ¿Alguna vez podrá tocar ese instrumento musical, completar esa obra de arte, aprender ese arte marcial, escalar esa montaña o montar ese monociclo cuando todo lo que hace es desplazarse sin pensar por las redes sociales durante horas y horas? No se equivoque, la pereza, la ociosidad y la dilación pueden convertirse en adicciones peligrosas que destruyen la productividad, pero la autodisciplina es una herramienta notable y poderosa con la que puede superar la dilación y la pereza.

He desarrollado y utilizado una poderosa aplicación de autodisciplina en mi propia vida, lo que me ha permitido mantenerme en forma, recortarme y estar sano a finales de mis treinta años, aprender y dominar un instrumento musical para un dominio casi profesional, pintar y dibujar bien. suficiente para ser vendido a extraños, aprender una serie de artes marciales y mantenerme a mí y a mi familia trabajando desde casa, siendo mi propio jefe y estableciendo mis propios horarios. Sin autodisciplina, no podría haber logrado ninguna de estas cosas, y probablemente estaría atrapado en una oficina haciendo el trabajo que odiaba, sin pasatiempos ni pasiones además de meterme comida chatarra en la boca mientras me relajo en el sofá. programas de televisión sin sentido.

En este libro, no solo le mostraré lo que puede hacer la autodisciplina, sino cómo desarrollar y fortalecer la habilidad de autodisciplina en su mente, y cómo puede aplicarla en todas las áreas de su vida. En los capítulos siguientes, aprenderá cuán poderosa es la autodisciplina, qué puede ayudarlo a lograr, cómo mantenerla y desarrollarla como una habilidad, y cómo puede aplicar sus beneficios en todas las áreas de su vida.

La autodisciplina es un concepto engañosamente simple. Después de todo, si es fácil de aprender, ¿por qué parece tan difícil y raro? Si bien es accesible para cualquier persona que desee aprender cómo desarrollarlo y cultivarlo como una habilidad requiere una serie de pasos y un método de aplicación.

Sin estos pasos y sin este método, los intentos de aprender y desarrollar la autodisciplina a menudo pueden fracasar y provocar aún más frustración y dilación que antes. En este libro, cubriré todo lo que necesita comprender sobre la autodisciplina, le mostraré exactamente cómo desarrollarlo y aplicarlo, le demostraré cómo aumentar su propio sentido de concentración y garantizar que estas habilidades permanezcan con usted de por vida.

El poder de la autodisciplina puede ilustrarse poderosamente con un ejemplo conmovedor de lo que podría haberse logrado con él, pero nunca lo fue. Un viejo amigo mío es un guitarrista dotado de forma natural con un talento aparentemente innato para cualquier instrumento musical que elija. En nuestra adolescencia, le tomaría uno o dos días aprender sin problemas canciones que otros guitarristas tardarían semanas en dominar. Mis amigos y yo estábamos asombrados por su don musical, y estábamos seguros de que llegaría a ser músico profesional y tal vez incluso tocaría en una banda famosa, recorriendo el mundo y vendiendo millones de álbumes. Además de su talento innato, era guapo y carismático.

Hoy, más de dos décadas después, todavía pasa la mayor parte de su tiempo haciendo lo que hizo en ese entonces. Si cree que lo que voy a decir es "tocar la guitarra como un virtuoso", se equivocará, lamentablemente. Lo que pasa la mayor parte de su tiempo haciendo es sentarse en el sofá, beber cerveza y jugar videojuegos en su pequeño y sucio apartamento de una habitación. Todo ese potencial se desperdició porque no tenía la autodisciplina para construir algo extraordinario a partir de su talento. Todavía posee una guitarra, pero se encuentra sin amor y olvidada en una esquina de su departamento, cubierta con una gruesa capa de polvo.

Otro amigo, a quien conocí en mis veintes, tiene una historia encantadora que muestra el otro lado de esta moneda. Pintora apasionada y talentosa, aplicó una inmensa autodisciplina a su vida y desarrolló sus habilidades hasta el punto en que la pintura es ahora su trabajo a tiempo completo, y vende sus piezas por decenas de miles de dólares. La cuestión es que, cuando la conocí, ella no era una artista particularmente talentosa. Sus dibujos y pinturas eran como los que verías en una clase de arte de secundaria; no había nada espectacular o impresionante sobre ellos. Sin embargo, estaba decidida a pintar su vida y ser la mejor artista que podía ser. A pesar de las supuestas limitaciones de su talento natural, trabajó incansablemente para mejorar sus habilidades, estudiar, practicar y dominar sus habilidades. Mediante una rigurosa autodisciplina y una determinación implacable, logró lo que ninguno de nosotros creía realmente que podía, y hoy sus magníficas pinturas cuelgan en galerías y casas de coleccionistas.

En lugar de ser como el guitarrista inmensamente talentoso que no ha hecho nada con su don, puede ser como el pintor moderadamente talentoso que hizo todo con el suyo. La diferencia clave entre los dos y cómo han terminado sus vidas no está en la cantidad de talento innato que cada uno posee, sino en la autodisciplina, una completamente descuidada y la otra totalmente cultivada. No importa cuáles sean sus intereses, qué talentos tiene o carece, qué tan saludable, en forma o insalubre es actualmente, en qué negocio se encuentra o qué trabajo hace, el desarrollo y la aplicación de la autodisciplina pueden cambiar real y permanentemente vida para mejor y darle un futuro mejor.

En este libro aprenderá exactamente cómo cultivar la autodisciplina de manera permanente, en lugar de que sea un impulso temporal y fugaz de inspiración. Le mostraré cómo desarrollar la autodisciplina como un hábito arraigado, asegurando que permanezca con usted y se pueda aplicar a cada área de su vida. Aprenderá cómo superar permanentemente la procrastinación e ignorar y superar las distracciones, y aprenderá métodos para aumentar su productividad y cómo hacer el mejor uso de su tiempo, los cuales contribuyen enormemente al desarrollo y crecimiento de la autodisciplina. . Al aplicar lo que le enseñaré en este libro a su vida, podrá desbloquear su potencial y lograr cosas que nunca creyó posibles. No solo puede desbloquear códigos de trucos para superar por completo la procrastinación, sino que finalmente podrá aplastar sus objetivos y lograr cualquier cosa que realmente ponga su corazón.

CAPÍTULO UNO: DISCIPLINA Y POR QUÉ ES IMPORTANTE

Disciplina comprensiva

Muchos de nosotros tenemos asociaciones algo negativas con la palabra "disciplina". ¿Qué le viene a la mente de inmediato cuando ve la palabra "disciplina"? Tal vez la imagen de un sargento de instrucción regañando sin piedad a los nuevos reclutas aterrorizados por las infracciones más leves. Tal vez piense en un maestro particularmente malo de su infancia que lo masticaría y lo escupiría por mirar por la ventana en lugar de mirar el pizarrón durante la clase. O puede pensar en un monje Shaolin, viviendo un estilo de vida espartano y sacrificando todas las comodidades y placeres materiales para entrenar artes marciales desde el amanecer hasta el anochecer.

La disciplina se asocia así con el castigo, con la negación de los placeres y el rechazo de la diversión, y con un dominio sobrehumano de la fuerza de voluntad. Visto desde esta perspectiva, asociado con tales imágenes, la disciplina puede parecer una cosa aterradora e intimidante, algo que necesita tanto agacharse antes como a la vez intentar dominar simultáneamente a través de una fuerza increíble de fuerza de voluntad.

La disciplina, sin embargo, no consiste en la aplicación forzada de un sistema totalitario de reglas y comandos. De hecho, la raíz de la palabra es el término latino discipulus, que significa estudiante o alumno. En el núcleo del concepto de disciplina, no se trata simplemente de aplicar un sistema riguroso de reglas y negarse placer u ocio, sino de aprender y mejorar. Comprender este concepto nos permite examinar el concepto de disciplina bajo una luz completamente nueva.

No me malinterprete; lograr el dominio de la autodisciplina no es fácil, y no es algo que sucede de la noche a la mañana. Es un maratón, no un carrera, y requiere esfuerzo y compromiso. Sin embargo, un punto importante a tener en cuenta es que la disciplina no es algo aterrador. No se trata de ser duro e implacable con usted mismo y de negarse placer y relajación. Es un objetivo por alcanzar, uno que cualquiera puede lograr y, cuando comienza a dominarlo, la disciplina es algo de lo que se alegrará, algo que lo hará sentir increíble, agradecido y orgulloso. Una persona que ha dominado la autodisciplina es una persona que no solo es capaz de lograr lo que sea que se propongan, sino que es capaz de superar cualquier tormenta que la vida les presente y salir a la cima sin importar los desafíos y obstáculos que se encuentren. Antes que ellos.

Prioridades, prioridades, prioridades

¿Qué tienen que ver las prioridades con la autodisciplina? La respuesta a esta pregunta es: mucho más de lo que piensa. ¿Qué tienen en común usted y alguien como Bill Gates o Richard Branson? ¿De qué tienen usted y estos dos hombres una cantidad exactamente igual? Obviamente no es dinero o recursos ... pero hay algo que los limita tanto como a usted: el tiempo.

Ni Branson ni Gates, con toda su riqueza e influencia, pueden comprar más horas en un día. Todo ser humano en la tierra, desde los más ricos hasta los más pobres, tiene veinticuatro horas en un día. La elección dada a cada uno de nosotros es cómo usamos este tiempo. Aquí es donde entran las prioridades.

Las prioridades son las cosas que más nos importan. Tómese un momento para preguntarse cuáles son sus prioridades en la vida. Quizás escriba una breve lista y vea qué se le ocurre.

Por supuesto, hay diferentes tipos de prioridades en las que debemos pensar. Hay ciertas necesidades básicas como alimentos, agua y refugio para nosotros y nuestras familias que tienen prioridad sobre todas las demás necesidades, y garantizar que estas necesidades básicas estén cubiertas siempre debe ser nuestra prioridad principal. Sin embargo, una vez que se cubren estas bases, podemos pensar en otras prioridades: objetivos a largo plazo que esperamos alcanzar, qué tipo de estado de salud y estado físico queremos lograr, conexiones y relaciones que queremos cultivar con nuestros amigos y familiares, financiero independencia y libertad de la deuda, y quizás el dominio de una habilidad, pasatiempo o interés particular.

Todas las cosas mencionadas llevan tiempo; todos son objetivos a largo plazo y deben abordarse como maratones en lugar de carreras. Esto significa dedicar una cierta cantidad de tiempo a cada uno de estos maratones a diario, y aquí es donde se resuelven sus prioridades. Todos tenemos que dormir al menos de seis a ocho horas por día; las otras dieciséis a dieciocho horas son donde podemos implementar la autodisciplina cuando se trata de nuestras prioridades.

Nuevamente, quiero reforzar la idea de que la disciplina no es algo que se deba temer. No es un puño de hierro, aplastando cualquier momento por placer o relajación en su vida. Es algo que, cuanto más lo domine y mejor lo desarrolle, más alegría, satisfacción y significado traerá a su vida. A la luz de esta noción, piense nuevamente en sus prioridades. ¿Es por ejemplo, mirar televisión durante cuatro o cinco horas al día algo que le brinda alegría y le permite crecer como persona y alcanzar sus metas a largo plazo? Si cree firmemente que es así, ¡genial! tiene sus prioridades en orden.

Sin embargo, si cree que mirar televisión, jugar videojuegos o desplazarse sin pensar por las noticias de las redes sociales en su teléfono durante muchas horas al día son cosas que no contribuyen al crecimiento personal, la superación personal y la realización de sus sueños, entonces una reorganización de sus prioridades está en orden.

Cuando haya ordenado sus prioridades, todo lo demás comenzará a encajar. Tomar decisiones se vuelve más fácil, porque tiene la piedra angular de sus objetivos y prioridades para guiarlo en cualquier elección que deba tomar. Podrá evaluar todo en términos de cuán esencial (o no esencial) es en relación con sus objetivos y metas. También encontrará que cuando sus prioridades ordenadas funcionan como una luz guía en su vida, podrá pensar con mayor claridad y con un mayor enfoque.

¿Qué ganamos?

¿Qué puede ganar una persona al dominar el arte de la autodisciplina? La respuesta es simple y amplia: todo. Piensa en la autodisciplina y concéntrese como el timón y las velas del barco que es su vida. Si las velas y el timón de un barco están en mal estado o rotos, el barco se hundirá indefenso en el agua, incapaz de moverse en línea recta. En cambio, es probable que solo dé vueltas en círculos. Sin embargo, con velas y un timón en perfecto estado, el barco podrá navegar sin problemas a través de los mares, directo a su destino, rápido y verdadero. Esto es lo que puede ganar cuando domina el arte de la autodisciplina.

La mayoría de las personas que leen este libro habrán intentado y fracasado en hacer varias cosas. Podría ser un programa de acondicionamiento físico o de pérdida de peso, o tal vez un nuevo negocio que nunca despegó. Tal vez fue un pasatiempo, deporte o habilidad que esperaba dominar, pero que abandonó después de unos días o semanas. La diferencia entre aquellos que han intentado tales cosas y se han dado por vencidos rápidamente con ellos, y aquellos que han intentado y se han quedado con ellos durante años y, por lo tanto, prosperaron, se reduce a un factor básico: La autodisciplina.

Nuevamente, quiero enfatizar que la disciplina no es algo a lo que temer. No es un conjunto de esposas de acero que lo encadenan. No es castigo, dureza, negación del placer o rigidez con puño de hierro. Es una habilidad que, como todo lo que vale la pena, requiere tiempo y esfuerzo para dominarla, pero cuando comience a dominarla, los beneficios que obtendrá serán innumerables.

Cuando supera la dilación, la distracción y la pereza y reemplaza estas cosas con enfoque y autodisciplina, se acerca mucho más a desbloquear y desarrollar todo su potencial. Todo lo que hace, cada momento de vigilia y cada decisión que tomas se impregna de un nuevo sentido de enfoque, y este nuevo enfoque hace que casi todo sobre la vida sea mucho más fácil.

Descubrirá que cuanto mayor sea su dominio de la autodisciplina, mejor comenzará a sentirse acerca de usted mismo. La pereza, la ociosidad y la dilación a menudo van acompañadas de sentimientos de culpa, vergüenza e insuficiencia, así como una sensación de impotencia e impotencia. Esto se debe a que casi todos tienen objetivos que desean alcanzar, habilidades que desean adquirir y un estado de salud y condición física que les gustaría alcanzar. Sin embargo, todos entendemos que estas cosas requieren esfuerzo y tiempo, y cuando carecemos de autodisciplina y concentración, es mucho más fácil elegir sentarse en un sofá viendo la televisión que practicar o trabajar en una habilidad, o elegir estar acostado en la cama mirando fijamente en su teléfono en lugar de levantarse temprano y hacer ejercicio, por ejemplo. Cuando toma estas decisiones y deja de trabajar para alcanzar sus objetivos, se siente mal consigo mismo y su autoestima sufre. Desafortunadamente, cuanto más se demore y se distraiga de nuestros objetivos, más se hará sufrir con estos sentimientos y emociones negativas. Realmente es un círculo vicioso.

Sin embargo, cuando comienza a aplicar la autodisciplina a su vida, lo contrario se convierte en su nueva verdad. En lugar de ser arrastrado a una mayor inacción, pereza y dilación por sus sentimientos negativos, se inspira y se concentra. Y así como el ciclo de retroalimentación negativa de la culpa y la pereza te mantuvo atrapado en un ciclo de inacción y dilación, en una maravillosa inversión de esto, la autodisciplina y el enfoque lo llevarán a un ciclo de retroalimentación positiva de acción, rutina beneficiosa y autocontrol continuo.

Cuando domine la autodisciplina, las mejoras en su vida no solo se observarán en términos de los objetivos que consiga y las habilidades, el enfoque y los hábitos positivos que adquiera, también verá una gran mejora en sus relaciones. Probablemente haya escuchado el viejo axioma, "las acciones hablan más que las palabras". Esto se repite tan a menudo porque es cierto. Puede pensar en usted mismo como una persona amable, leal y confiable, pero si no actúa de esta manera, nadie más lo verá como tal. Sin embargo, cuando posee autodisciplina y concentración, se convierte en una persona que cumple sus promesas, que responde inmediatamente a los mensajes, se mantiene en contacto con viejos amigos y familiares, alguien que ayuda a otros cuando lo necesitan o lo piden, quién actúa con prontitud cuando recibe una solicitud, en lugar de alguien que posterga, pierde el tiempo y se olvida de volver a las personas o hacer lo que le pidieron. Si quiere ser visto como alguien confiable, servicial y placentero, tiene que ser esa persona en lugar de simplemente pensar que usted es esa persona, pero actuando de manera opuesta en la realidad. Con la aplicación de la autodisciplina, convertirse en una persona así es mucho más fácil.

Esto también es cierto cuando se trata de la autoimagen. Cuando su autoestima es baja y está abrumado por los sentimientos de culpa y vergüenza que vienen con la pereza y la dilación interminables, es difícil proyectar el tipo de autoimagen que otros consideran atractivo: el de una persona segura, alegre y dura -persona trabajadora. Y, por supuesto, si no está viviendo esa verdad, otros verán claramente a través de cualquier fachada débil que coloque. Sin embargo, con el cambio de estilo de vida, hábitos y motivación que conlleva el dominio de la autodisciplina, podrá proyectar esa autoimagen con facilidad, porque estará viviendo la verdad. Podrá convertirse en la mejor versión de usted mismo, y esto es algo que atraerá a otros hacia usted como las polillas a la luz, al tiempo que fortalece los lazos que comparte con sus amigos y familiares.

Los beneficios de lo que obtendrá cuando aprenda autodisciplina son obvios e innumerables. No hay desventajas ni puntos negativos cuando se trata de dominar el arte de la autodisciplina, por lo que no hay razón para retrasar el aprendizaje de esta habilidad crítica e implementar su vasto potencial en su propia vida.

Comencemos simple

Los beneficios de aprender y dominar el arte de la autodisciplina son innegables, pero ¿cómo hace exactamente para aprenderlo? Como mencioné antes, la autodisciplina no es un atributo con el que nace o no. Es algo que cualquiera puede aprender, siempre que se tomen los pasos correctos y no se sumerja directamente en el fondo.

El primer paso a seguir, después de determinar cuáles son sus nuevas prioridades, es realizar un examen honesto de sus hábitos. Para hacer esto de manera efectiva, necesitamos definir exactamente qué es un hábito. Un hábito es algo que hacemos todos los días y, como lo define el American Journal of Psychology, es "desde el punto de vista de la psicología, una forma más o menos fija de pensar, querer o sentir adquirido a través de la repetición previa de una experiencia mental, ". Por lo general, asignamos una connotación algo negativa a la palabra, asociando hábitos con comportamientos compulsivos negativos, como fumar, comer comida chatarra, desplazarse sin fin por las redes sociales en nuestros teléfonos y otros comportamientos improductivos y poco saludables.

Sin embargo, un hábito no necesariamente tiene que ser malo; cualquier cosa que haga regularmente, y cualquier comportamiento que repita a menudo puede convertirse en un hábito, incluido hacer ejercicio, comer sano, leer, estudiar un idioma o trabajar a diario en una nueva empresa comercial. Recuerde lo que dije antes sobre usted y Bill Gates, independientemente de su riqueza, que solo tienen veinticuatro horas en un día; debido a que nuestras horas de vigilia son limitadas, solo podemos permitirnos desarrollar un número limitado de hábitos. Si nuestros malos hábitos dominan nuestras horas de vigilia o nuestro tiempo libre, entonces no habrá mucho tiempo para desarrollar buenos hábitos.

Una vez que haya identificado sus malos hábitos, debe comenzar a eliminarlos de su vida. Por supuesto, ya que la mayoría de las personas luchan tremendamente con esto, es algo mucho más fácil decirlo que hacerlo. Sin embargo, si bien puede ser difícil eliminar un mal hábito, especialmente cuando recién está comenzando con el proceso, de ninguna manera es imposible. Si siga los pasos que estoy a punto de delinear, encontrará que romper un mal hábito en realidad no es tan difícil o intimidante como la idea de hacerlo en este momento.

Lo primero que debe hacer, incluso antes de intentar romper el mal hábito, es pensarlo de una manera puramente lógica y racional, mientras se da cuenta y comprende que parte de su apego al hábito es una forma de adicción, y que un componente de esto es emocional.

Pregúntese qué está haciendo este hábito por usted en términos de sus objetivos, sus relaciones, su salud y sus intereses. ¿Promueve sus objetivos, fortalece sus relaciones, mejora su salud y le permite desarrollar sus intereses? ¿Qué beneficios está obteniendo de este hábito, además de algún tipo de placer sensorial fugaz? ¿Hay beneficios a largo plazo que obtendrá de este hábito o, por el contrario, hay serias consecuencias negativas que se avecinan, causadas directamente por este hábito?

Como seres humanos, a menudo priorizamos el placer a corto plazo sobre el pensamiento a largo plazo, y aquí radica la base de muchos de nuestros malos hábitos. El inicio del cáncer de pulmón a menudo no ocurre durante décadas, por lo que es fácil olvidarse de la muerte prematura y el horrible sufrimiento cuando enciende un cigarrillo. Una vez más, las enfermedades cardíacas, la diabetes y otras enfermedades crónicas causadas por una dieta poco saludable generalmente solo comienzan a tener graves consecuencias para la salud en la mediana edad, por lo que los jóvenes felizmente se llevan la comida chatarra a la boca en cada comida. Estos ejemplos, aunque extremos, demuestran cómo el placer a corto plazo a menudo triunfa sobre la sabiduría a largo plazo al tomar una decisión.

Recuerde, todo lo que hacemos es una elección, aunque gran parte de lo que hacemos todos los días se siente como un comportamiento puramente automático. Cuando comienza a concentrarse en objetivos a largo plazo, desarrollando hábitos positivos y dejando de lado los hábitos negativos, comienza a entender cuántas acciones diarias son elecciones. Se vuelve mucho más consciente de las elecciones que hace todos los días, desde las más pequeñas hasta las más grandes, y de esta manera podrá comenzar a reconocer que sus malos hábitos son, como todo lo demás, elecciones que hace a diario. .

Una vez que haya identificado sus malos hábitos y haya entendido que son elecciones que está haciendo, ¿cómo elimina los malos hábitos? Después de todo, si fuera tan fácil como simplemente comprender que son opciones, nadie sería un fumador de por vida y nadie sufriría ataques cardíacos debido a una dieta poco saludable. Un punto importante a tener en cuenta aquí es que las acciones que se convierten en malos hábitos no se crean en el vacío. Se hacen, a menudo, debido a factores como el estrés, el dolor emocional o el aburrimiento; Necesidades de distracción, por lo general. Luego también hay factores biológicos; El uso regular de cigarrillos y alcohol, por ejemplo, puede convertirse rápidamente en adicciones físicas y fisiológicas. Cuando los malos hábitos se cruzan en el ámbito de la adicción, romperlos se convierte en un desafío.

Sin embargo, para los malos hábitos menos intensos, un cambio de comportamiento y una mentalidad fresca a menudo pueden ser suficientes para romperlos. Una vez más, sin embargo, se debe tomar el enfoque correcto. Si simplemente trata de eliminar un mal hábito sin reemplazarlo con otra cosa; un buen hábito, idealmente, rápidamente volverá a sus viejos hábitos. Eliminar un mal hábito deja un vacío, y ese vacío debe ser llenado por algo. Si no lo llena con algo positivo, el mal hábito que anteriormente ocupaba ese espacio aparecerá de nuevo.

Una cosa clave que debe hacer es eliminar los desencadenantes que generalmente lo llevarían a la deriva en el tipo de comportamiento negativo que está tratando de eliminar. Por ejemplo, si está tratando de dejar de comer comida chatarra, ¡no la guarde en su casa! Deshágase de toda la comida chatarra que ya tiene y reemplácela con opciones saludables. Si desea reducir la cantidad de tiempo que pasa desplazándose por las redes sociales, apague la configuración de WIFI y datos de su teléfono durante la mayor parte del día. Esto evitará la acción automática de alcanzar su teléfono y hacer clic en el elemento de Facebook o Instagram cada vez que un indicio de aburrimiento comienza a aparecer. Simplemente tener que pasar por el pequeño inconveniente de tener que abrir y ajustar la configuración de su teléfono para acceder a las redes sociales. Esto le dará una pausa suficiente para pensar en lo que está haciendo, en lugar de permitir acciones automáticas para controlar su comportamiento. Otro ejemplo es si está tratando de reducir la cantidad de tiempo que pasa jugando videojuegos o mirando televisión. Desenchufe estos dispositivos, de modo que, una vez más, sea más difícil pasar al comportamiento automático. En lugar de simplemente dejarlo caer en el sofá y presionar ese botón familiar en el control remoto, tendrá que seguir el paso adicional de enchufar el dispositivo. Esto debería ser suficiente para que se detenga y piense en lo que está haciendo.

Para evitar completamente el retroceso, debe elegir algo positivo para llenar el vacío que queda después de eliminar un mal hábito. Recuerde, un hábito solo se convierte en uno a través de la repetición tanto del pensamiento como de la acción. Por un tiempo, tendrá que elegir conscientemente hacer lo que desea convertir en un hábito, y esto significa elegirlo en lugar del mal hábito hacia el que gravita automáticamente, lo que puede ser difícil, especialmente en los primeros días. o semanas de intentar modificar su comportamiento y estilo de vida. Eche un vistazo a la lista de prioridades que creó anteriormente y decida cuál de estas cosas sería un reemplazo apropiado para el mal hábito que está tratando de reemplazar.

Por ejemplo, tal vez haya decidido priorizar el estado físico en lugar de jugar videojuegos. Esta es una decisión fantástica a largo plazo para su salud, su nivel de condición física y su apariencia, pero puede ser un cambio bastante desagradable. Facilítelo reemplazando lentamente el tiempo que generalmente pasa jugando videojuegos con ejercicio. Y justo cuando hace que sea un poco más difícil deslizarse automáticamente al hábito de estar en el sofá con un controlador de juego en sus manos desenchufando su televisor y su consola, debe hacer que la actividad de reemplazo sea fácil y conveniente: hacer ejercicio . Esto podría hacerse de varias maneras. Podría tener su atuendo para correr preparado y listo para ir preparándolo la noche anterior. Lo mismo se aplica para empacar su bolsa de gimnasia y dejarla en la puerta principal, de modo que todo lo que tiene que hacer es tomar las llaves de su automóvil e irse. O si hace ejercicio en casa, podría hacer algo como instalar una barra de dominadas en la puerta de una habitación a la que entra con frecuencia, como la cocina.

Está bien y bien diseñar estrategias como estas, por supuesto, pero ¿cómo las hace realmente? ¿Cómo se compromete realmente a cambiar y evitar la inevitable caída en los viejos hábitos? Después de todo, la mayoría de las personas que hacen dieta terminan ganando el peso que inicialmente perdieron después de unos meses, ¿no? ¿Y la mayoría de las personas que intentan dejar de mirar televisión terminan viendo tanto como solían hacerlo después de algunas semanas o meses frustrantes?

La respuesta a esto es pensar en la autodisciplina como un músculo. Si no tiene mucho en este momento y se considera una persona que carece de fuerza de voluntad, entonces puede pensar en su autodisciplina como un músculo atrofiado, debilitado y Marzoito por el uso insuficiente. Como he dicho antes, aprender a dominar la habilidad de la autodisciplina es una maratón en lugar de una carrera de velocidad, así que sigamos con la metáfora de la carrera.

Si usted es un novato cuando se trata de correr, no hace falta decir que no solo decide ponerse zapatillas y luego correr un maratón de veintiséis millas al día siguiente. Si lo intentó en la vida real, no solo se lastimaría gravemente, podría terminar muriendo. Debido a que su cuerpo no está acostumbrado a los rigores de correr largas distancias, debe comenzar con poco y acumular lentamente. Empieza corriendo una milla dos veces por semana la primera semana, luego dos millas la próxima semana, tres millas la semana siguiente, y así sucesivamente. De esta manera, lenta y constantemente aumenta su estado físico y su fuerza y evita lastimarse. Después de unos meses de entrenamiento constante, Podrá correr cómodamente un maratón.

El mismo principio se aplica al desarrollo de la fuerza de voluntad y la autodisciplina. Si comienza a intentar sumergirse de lleno en algo nuevo y te sumerges en el fondo, es probable que sea un corredor novato que intente correr un maratón sin entrenar para "herirlo" y matar cualquier autodisciplina en ciernes. Terminará decepcionado y sintiéndose como un fracaso, y volverá a caer en sus viejos hábitos, sintiéndose aún peor consigo mismo que antes.

Es por eso que, cuando se intenta crear buenos hábitos, es importante comenzar lentamente, como una persona no apta que acaba de comenzar a correr por primera vez. Si está tratando de reemplazar su dieta dominante de comida chatarra con una dieta saludable basada en alimentos integrales, no se sumerja de cabeza en nada más que vegetales crudos y jugos verdes. Reemplace lentamente sus viejos favoritos con alimentos reconfortantes saludables, eliminando lo malo con el tiempo y en pequeños incrementos. Si está tratando de reemplazar un hábito de videojuegos con un programa de ejercicios, comience con poco y permítase sesiones diarias de videojuegos que se acortan a medida que pasan los días, mientras que sus sesiones de ejercicio se vuelven cada vez más largas e intensas a medida que el nivel de condición física y su dominio de la autodisciplina se fortalecen.

Un punto importante a tener en cuenta aquí es que los hábitos positivos que está tratando de crecer y fortalecer deben ser cosas que disfruta, cosas que le gusta hacer y que le brindan alegría. Esto es algo que parece obvio cuando lo piensa, pero es algo que muchas personas pasan por alto. Si quiere ponerse en forma pero odia correr, ¡no corra! Hay muchas otras formas de ejercicio que lo mantendrán en forma y saludable. Elija uno que lo haga sentir bien, que le parezca divertido y estimulante, y las probabilidades de que se quedo con él aumentarán enormemente. Lo mismo vale para una dieta saludable; si odia la col rizada y el brócoli, ¡no se obligue a comerlos! Simplemente elija comida saludable que le guste y haga un esfuerzo consciente para elegirla sobre su comida chatarra habitual.

El disfrute de un nuevo hábito es un factor más importante de lo que muchas personas creen. Si obtiene alegría, satisfacción y satisfacción de una actividad, es mucho más fácil convertir esa actividad en un hábito que en algo que no disfruta. Al fortalecer lentamente un músculo débil con el tiempo, descubrirá que elegir hacer esta actividad se convierte en una opción menos consciente y más automática hacia la que gravita, y requiere cada vez menos fuerza de voluntad para lograrlo. Esto es cuando sabe que está empezando a dominar el arte de la autodisciplina.

A la vez que comienza lentamente, tiene la necesidad de planificar el fracaso. Al tratar de liberarse de un mal hábito y reemplazarlo por uno bueno, es probable que tenga algunos errores. Recuerde, solo usted es humano y recuerde que está corriendo una maratón. Algunos días, especialmente al principio, va a ser muy difícil evitar la reincidencia, y va a ser difícil hacer lo que ha decidido hacer, incluso si es una actividad que le brinda alegría y satisfacción. ¡Y eso está bien! No se rinda con unos cuantos resbalones. Acepte que es humano, permítase un poco de indulgencia, pero concéntrese en el objetivo a largo plazo. Comprométase con más fuerza y voluntad para continuar con su nuevo y buen hábito más tarde en el día o al día siguiente, cuando se sienta mejor.

Otra herramienta útil cuando se trata de fortalecer sus nuevos hábitos es la visualización. Visualice su futuro yo, la persona exitosa que se ha pegado a estos buenos hábitos y ha descartado los viejos y malos hábitos. El simple acto de imaginarse a sí mismo como una versión más exitosa, saludable y hábil de su ser actual como resultado de comprometerse con sus nuevos hábitos puede ser una herramienta poderosa.

Finalmente, un buen consejo, pero que a menudo se pasa por alto cuando se trata de consolidar nuevos hábitos, es usar un diario y un calendario. Crear un registro escrito de su progreso no solo le brinda algo de lo que sentirse orgulloso, sino que fortalece su determinación, porque cuando ve su progreso en blanco y negro antes que usted y ve su serie de pequeños éxitos y triunfos, no Quiero romper esa cadena. Por ejemplo, podría escribir el número de flexiones que logró hacer todos los días. Quizás en el primer día de emprender esto solo lograte hacer diez flexiones en un día. Sin embargo, si mantiene un registro escrito y ve que sus números aumentan en el papel, se sentirá inspirado y motivado, y no querrá detenerse cuando vea, después de un mes, que ahora es capaz de hacer cincuenta flexiones en un día.

Del mismo modo, una pizarra simple puede ser una gran herramienta cuando se trata de crear y mantener nuevos buenos hábitos. Anote en un marcador permanente todo lo que desea lograr a diario y marque estas cosas con un marcador borrable a medida que las logre. Al final del día, ver estas cosas marcadas en la lista le dará una gran sensación de logro y satisfacción. Luego, cuando limpie los cheques a la mañana siguiente, verá lo que necesita hacer ese día y podrá trabajar fácilmente para hacer esas cosas en lugar de dejarse llevar sin rumbo y ceder al aburrimiento y la ociosidad que lo hacen volver a caer en malos hábitos

CAPÍTULO DOS: ¿CUÁL ES EL PROBLEMA PRINCIPAL?

La autodisciplina es difícil

Con el enfoque correcto, cualquier persona puede dominar el arte de la autodisciplina, independientemente de sus circunstancias actuales, sus antecedentes, su situación financiera o sus niveles de salud y estado físico. Sin embargo, la palabra clave aquí es eventualmente.

El dominio de la autodisciplina no es algo que sucede de la noche a la mañana. Para volver a la analogía de la carrera, lograr un estado físico en el que un novato completo esté listo para correr un maratón de veintiséis millas es algo que lleva meses o incluso un año o dos de dedicación y entrenamiento, y es lo mismo con dominar la autodisciplina. Para alguien que ha entrenado constantemente durante un año y que ha desarrollado un amor por correr, un maratón parece un desafío emocionante pero alcanzable. Se centrarán no solo en terminar el maratón, sino en correrlo en el menor tiempo posible. Para el corredor novato, la sola idea de intentar correr un maratón parece aterradora e inalcanzable.

Cuando se trata de, por ejemplo, hacer ejercicio durante dos horas al día en lugar de pasar ese tiempo mirando televisión, o comer tres comidas saludables, hechas en casa, a base de alimentos integrales al día a horas regulares en lugar de comer chocolates, papas fritas y basura comida durante todo el día, es mucho más fácil imaginarse haciendo estas cosas de lo que realmente es hacerlas. Construir lentamente, hacer una transición gradual, eliminar los factores desencadenantes, visualizar su futuro y asegurarse de que disfrute de sus nuevos hábitos son herramientas tremendamente útiles, pero aun así, comprometerse a largo plazo con sus cambios y lograr el dominio de la autodisciplina siga siendo Una cosa muy difícil de lograr.

Necesitamos reconocer que cuando se trata de autodisciplina y fuerza de voluntad y de hacer las cosas que queremos y necesitamos hacer para lograr nuestros objetivos, evitando al mismo tiempo caer en malos hábitos y dilaciones, entran en juego una serie de factores. Independientemente de quiénes somos, todos somos productos de nuestro pasado, nuestra educación, así como nuestros entornos sociales y físicos. Todos tenemos genes diferentes y química cerebral diferente también. Todas estas cosas juegan un factor cuando se trata de nuestro comportamiento y hábitos.

Muchas de estas cosas están fuera de nuestro control, y es importante reconocer esto. Aquí es donde entra en juego conocer sus propias fortalezas y debilidades, y a qué es susceptible y a qué se considera inmune.

Todo esto está relacionado con el hecho de que todo lo que hacemos es, en última instancia, una elección que hacemos, pero para algunas personas, debido a su composición genética, sus circunstancias o su entorno, tomar malas decisiones es mucho más fácil que tomar buenas.

Mucho de lo que hacemos está relacionado con las recompensas o, más bien, la anticipación de obtener recompensas. Esto es lo que hace el químico cerebral dopamina; cuando participamos en un comportamiento que nos proporciona una recompensa (generalmente relacionada con el placer sensorial), nuestros cerebros liberan este químico, lo que nos hace sentir bien. Cuando se trata de malos hábitos, como comer comida chatarra, nuestros cerebros a menudo liberan dopamina, lo que puede hacernos sentir no solo satisfechos sino también ligeramente eufóricos, con la mera anticipación de obtener nuestra dosis de azúcar. Este sentimiento de placer es un componente importante de por qué puede ser tan difícil decir no a ciertas tentaciones, aunque entendemos a nivel racional que son malas para nosotros y que son destructivas a largo plazo.

Esto también puede hacer que el acto de elegir entre caer en un viejo hábito y decidir realizar su nuevo hábito productivo sea tan difícil; la elección es la influencia no solo de la razón y la racionalidad, sino también de nuestra química cerebral.

Esto está relacionado con el hecho de que a menudo nos resulta muy difícil considerar las consecuencias a largo plazo a la hora de tomar las decisiones que enfrentamos varias veces al día.

Nuestra biología a menudo nos guía a la fuerza en la dirección de elegir el placer a corto plazo y la gratificación instantánea sobre la ganancia a largo plazo. Sin embargo, incluso con las probabilidades aparentemente en contra de nosotros, es posible superar estos factores si se toma el enfoque correcto; miles de personas que han logrado cosas increíbles a pesar de sus antecedentes, entornos y circunstancias son la prueba viviente de esto.

¿Por qué usted hace lo que hace?

Muchas de las cosas que hacemos durante el día nos parecen a la mayoría de nosotros como si estuvieran en piloto automático; rara vez pensamos por qué hacemos lo que hacemos, o incluso analizamos lo que estamos haciendo. Esto es especialmente cierto cuando se trata de cosas como perder el tiempo, postergar y caer en los malos hábitos. Entonces, ¿por qué hacemos estas cosas si no nos benefician y, en algunos casos, nos perjudican activamente?

Hay cosas que hacemos todos los días que simplemente se han hecho; comer, beber, usar el baño, ducharse, dormir, ir a trabajar, comprar alimentos, pagar facturas. Con esto fuera del camino, ¿qué hacemos muchos de nosotros con el resto de nuestro tiempo? Teóricamente, incluso si trabajamos una semana estándar de cuarenta horas con una hora de viaje todos los días, y si tenemos en cuenta todas estas otras actividades esenciales, aún deberíamos tener muchas horas para ejercitar, estudiar una nueva habilidad, ponerse en forma, comer sano, nutrir y hacer crecer nuestras relaciones con amigos y familiares, y trabajar hacia nuestros objetivos a largo plazo. Sin embargo, en lugar de hacer estas cosas importantes, muchos de nosotros llenamos estas preciosas horas con frívolas pérdidas de tiempo y dilaciones.

Es obvio para la mayoría de las personas que usar nuestro tiempo libre de una manera derrochadora, improductiva e incluso autodestructiva no es algo bueno, sin embargo, pocos de nosotros somos capaces de liberarnos de estos patrones. ¿Por qué? Una serie de factores entran en juego cuando se trata de la facilidad con la que muchas personas caen en la distracción y la dilación.

En primer lugar, hay cosas que están fuera del control de la mayoría de las personas. Las enfermedades mentales como la ansiedad y la depresión pueden hacer que incluso las tareas más mundanas parezcan pruebas hercúleas. Estas enfermedades y el efecto paralizante que tienen en quienes las padecen pueden agravarse aún más por otras cosas fuera del control de la persona, como su entorno, situación financiera, salud física y otros factores cruciales.

Además, incluso si está bendecido con una salud mental y física perfecta, si tiene un trabajo exigente que lo deja agotado mental y / o físicamente para cuando llegue a casa todos los días, encuentre la motivación para realizar tareas y actividades que fomenten su los objetivos a largo plazo pueden parecer imposibles.

Otros factores también entran en juego cuando se trata de la falta de motivación y de caer automáticamente en la dilación. Muchas personas temen al fracaso y, por esta razón, les resulta más fácil posponer la tarea o retrasar la acción que les traerá ganancias a largo plazo. Si la tarea se retrasa, también lo es el potencial de fracaso, y con suficiente dilación, estos retrasos a menudo pueden volverse permanentes. Por otro lado, hay personas que son demasiado optimistas sobre su futuro; creen que tendrán tiempo suficiente en algún otro momento no especificado en el futuro para lograr lo que quieren lograr, por lo que están felices de posponer lo que deberían estar haciendo en el presente.

Nuevamente, estos retrasos a menudo pueden extenderse casi indefinidamente. Un buen ejemplo de esto es el estudiante al que se le da un ensayo con tres semanas de anticipación, y que se encoge de hombros, siempre pensando que tendrán suficiente tiempo la próxima semana, pero que luego se encuentran frenéticamente arrojando juntos un pánico, medio intento al horno en un ensayo la noche antes de su vencimiento.

También hay personas que temen el juicio de los demás. No quieren que se rían de ellos, se burlen de ellos o los critiquen por emprender un nuevo proyecto, tratar de ponerse en forma cuando no están saludables, comenzar un nuevo pasatiempo a una edad avanzada o tener que luchar en la etapa "principiante" de una nueva habilidad donde sus intentos de aprender parecerán los de un niño pequeño.

Por extraño que parezca, los perfeccionistas a menudo pueden ser los peores dilatores. Debido a que temen que su trabajo no sea perfecto, descuidan realizar cualquier trabajo. O comenzarán algo, se darán cuenta de que no es (a sus ojos) perfecto, y luego se darán por vencidos, sintiendo vergüenza, culpa y una sensación de inutilidad porque no podrían estar a la altura de sus propios ideales (muy poco realistas).

Como puede ver, uno de los denominadores comunes aquí es el miedo. Superar todos los miedos mencionados anteriormenlo está dentro de las capacidades de cada persona si se toman los pasos correctos y se aplican el enfoque y la mentalidad correctos. Sin embargo, no es solo el miedo lo que lleva a las personas a la deriva en una pérdida de tiempo y una postergación sin sentido. A veces es algo tan simple como no tener objetivos lo suficientemente claros. Si uno de sus objetivos prioritarios es una noción tan nebulosa como "ponerse en forma" o incluso "perder peso", puede ser difícil motivarse y evitar caer en la procrastinación. ¿Por qué? Porque aunque estos son objetivos nobles y valiosos, son vagos. ¿Cómo exactamente vas a ponerlo en forma y qué tipo de condición física quiere lograr? El tipo de condición física necesaria para correr un maratón es muy diferente al tipo de condición física necesaria para competir en un combate de boxeo, que de nuevo es muy diferente del tipo de condición física necesaria para levantar cuatrocientas libras por cinco repeticiones, o de la necesaria para hacer cien flexiones seguidas. Con un objetivo relacionado con la pérdida de peso, ¿cuánto peso está tratando de perder? ¿Diez libras? ¿Cien? Sin objetivos claramente establecidos como estos y un esquema bien planificado sobre cómo llegar allí, nos agitamos como un hombre con los ojos vendados en la oscuridad, lo que solo lleva a la frustración y a una mayor caída en la procrastinación y los malos hábitos.

Mente sobre materia

Es una frase que probablemente haya escuchado antes, pero tal vez una que no está seguro de entender completamente; ¿Qué significa exactamente "mente sobre la materia"? Básicamente, describe cómo podemos usar nuestra fuerza de voluntad y enfoque para superar y resolver problemas físicos. Claro, es un concepto bastante sencillo, pero como con muchas cosas que hemos discutido, es más complejo que la simplicidad inicial que la noción podría sugerir.

Para comprender completamente el potencial de su mente, necesitamos ver dónde se encuentra: el cerebro. La mayoría de nosotros cree que ciertos atributos están marcados por la genética, programados durante la infancia y encerrados cuando llegamos a la edad adulta. Si bien no voy a entrar en las complejidades del debate entre la naturaleza y la crianza, y si bien es cierto que ciertos talentos y vicios están codificados en nuestros genes, la idea de que nuestras habilidades y talentos (o la falta de ellos) son permanentes e inmutables Es falso.

Puede sorprenderle saber que no solo puede cambiar su actitud, motivación y hábitos al usar la autodisciplina y la fuerza de voluntad, sino que también puede alterar físicamente su cerebro al hacerlo. Si bien el cerebro no es un músculo, ciertamente responde como uno al uso regular, la estimulación y el "ejercicio". Los estudios científicos han demostrado que ciertos estilos de terapia, como la terapia cognitiva conductual, no solo pueden cambiar permanentemente el comportamiento de una persona (como, por ejemplo, evitar que alguien realice acciones obsesivo-compulsivas), los cambios en el comportamiento se manifiestan físicamente como un cambio en el cerebro estructura.

Las implicaciones de estos hallazgos son asombrosas; ya no podemos aferrarnos a las nociones de que nuestros cerebros y mentes están encerrados en la edad adulta, incapaces de cambiar el comportamiento habitual o de aprender nuevas habilidades. Cuando comenzamos a comprender este concepto, podemos ver que nuestros malos hábitos no están escritos en piedra, y que pueden ser eliminados y reemplazados por buenos hábitos. No es un proceso fácil, y ciertamente no sucederá de la noche a la mañana, pero con la actitud correcta y el compromiso de cambiar, está al alcance de cualquiera para lograrlo.

Parte del concepto de mente sobre la materia implica no solo cambiar los patrones de comportamiento, sino también cambiar los patrones de pensamiento. Piense en la palabra "cabeza de chorlito": ¿se usa generalmente con una connotación positiva o negativa? En general, ser visto como un cabeza de chorlito es algo malo, y con razón cuando se trata de enfocarse. Ser un cerebro disperso es lo opuesto a estar enfocado, y estar enfocado es lo que se necesita para el autodesarrollo, el éxito y el logro de objetivos. Las personas que son cerebros dispersos tienden a tener sus pensamientos corriendo por todo el lugar, todo el tiempo, incapaces de prestar atención a una cosa o concentrarse en una tarea durante demasiado tiempo. Por supuesto, a veces hay razones médicas detrás de tales patrones de pensamiento; TDAH, por ejemplo. Pero muchos de nosotros que somos víctimas de episodios frecuentes de pensamientos dispersos y desenfocados no sufrimos TDAH; simplemente no hemos entrenado nuestros cerebros para centrarnos en los pensamientos que importan.

Esto no quiere decir que esto sea completamente nuestra propia culpa. Vivimos en una era de distracción masiva, donde los períodos de atención son más cortos que nunca, e innumerables elementos de tecnología adictiva compiten sin cesar por nuestra atención ya fracturada durante la mayor parte de nuestras horas de vigilia. Sin embargo, si está leyendo este libro y ha llegado hasta aquí, ¡felicidades! Su capacidad de atención y resistencia a la distracción ya es mejor que la de la mayoría de las personas. Al usar el poder de la mente sobre la materia y entrenar sus pensamientos, podrá fortalecer aún más sus poderes de concentración, alargar su capacidad de atención y comenzar a concentrar sus pensamientos sobre tareas y objetivos que son importantes, en lugar de permitir que sean arrastrados de esta manera y cientos de veces al día por trivialidades insignificantes.

Para hacer esto, debe prestar atención consciente a sus pensamientos durante todo el día. Esto puede ser un desafío si no está acostumbrado, ya que muchos de nosotros estamos tan acostumbrados a pasar nuestras horas de vigilia en piloto automático, solo prestando atención a distracciones triviales como las redes sociales, los juegos móviles y los programas de televisión. . Para superar estas distracciones, realmente necesitamos comenzar a prestar atención a cada uno de nuestros pensamientos, especialmente cuando se trata de acciones aparentemente automáticas. Cuando encuentre su mano a la deriva, aparentemente por su propia voluntad, yendo a su teléfono para hacer clic en ese ícono de Facebook o Instagram, o cuando encuentre que su cuerpo está siendo arrastrado hacia el sofá y su mano alcance el control remoto del televisor, o una punzada repentina de el hambre que te arrastra al armario donde están las papas fritas y las galletas, debe detenerse y pensar en lo que está haciendo.

Suena simple, y el concepto lo es, pero ejecutarlo puede ser muy difícil, especialmente cuando estos pensamientos, comportamientos y hábitos están profundamente arraigados. La buena noticia es que cuanto más se enfoca en hacer esto y poner en práctica tales prácticas, más fácil se vuelve. Algunas personas usan una banda elástica para hacer esto. Pone una banda elástica alrededor de su muñeca, y cada vez que uno de estos pensamientos le viene a la mente: un impulso de perder el tiempo en su teléfono, un repentino deseo de comida chatarra o lo que sea que esté tratando de cambiar, tira de la banda de goma y presione contra su piel. La ligera picadura es una forma simple pero efectiva de comenzar a cambiar su comportamiento y sus patrones de pensamiento. Por supuesto, puede hacer esto sin causarle dolor físico también, si simplemente se enfoca en seguir adelante con pensamientos y acciones positivas y cerrar los pensamientos negativos antes de que puedan transformarse en acciones.

La Ley de Atracción

Centrarse en pensamientos positivos y constructivos y pensamientos sobre sus objetivos también tiene otro beneficio. Probablemente haya oído hablar de la ley de la atracción antes, pero quizás no esté completamente seguro de lo que implica. A menudo lo usan los tipos cuestionables de la "nueva era" para describir algún tipo de situación mística, casi mágica o sobrenatural que involucra vibraciones de energía invisible y otras cosas tontas. Sin embargo, cuando lo mira desde un punto de vista más científico y racional, verá que hay una verdad dura en el concepto que puede aplicar a su vida.

La Ley de Atracción básicamente establece que lo que enfoca con su mente es lo que traerá a su vida en un sentido físico; es decir, sus pensamientos y deseos eventualmente se manifestarán en la realidad si simplemente se enfoca lo suficiente en ellos. Por ejemplo, si enfoca la mayoría de sus pensamientos en positividad, abundancia, amor y éxito, estas cosas entrarán en su vida. Si, por el contrario, se enfoca en la negatividad, el fracaso, la tristeza y la fatalidad, atraerá estas cosas a su vida.

Si bien no puede extender este principio a algo como, por ejemplo, ganar la lotería (puede pensar y rezar tan intensamente como quiera por el resto de su vida, nunca sucederá), la idea de la Ley de Atracción ciertamente juega un papel valioso en la determinación de su éxito (o fracaso) para lograr sus objetivos y traer riqueza, éxito, prosperidad y excelentes relaciones a su vida. Con todo lo que hemos aprendido hasta ahora sobre la maleabilidad del cerebro, el efecto de la fuerza de voluntad y la autodisciplina en nuestras acciones y hábitos, el poder de concentración para transformar la forma en que pensamos y alterar la estructura física de nuestros cerebros, no debería extrañarle que centrar sus pensamientos y aprovechar el poder de su mente para concentrarse constantemente en sus objetivos, le permitirá hacer cambios tremendos a largo plazo en su vida y garantizar que alcance sus objetivos y logre el éxito en lo que sea que quiera priorizar.

Si piensa todo el día en cuántas veces ha fallado, qué tan inútil es, cuántos malos hábitos tiene y qué tan impotente es para cambiarlos, entonces esa será la realidad de su vida. Sus pensamientos continuarán fortaleciendo sus malos hábitos, comerán la poca fuerza de voluntad y autodisciplina que tenga, y lo dejarán propenso a la tristeza, la queja y la pérdida de su valioso tiempo con distracciones sin sentido que no le brindan beneficios a largo plazo.

Sin embargo, si cambia sus patrones de pensamiento y se enfoca en cómo cada pensamiento y acción durante el día debería estar al servicio de alcanzar sus metas a largo plazo, y cómo cada pensamiento y acción debería beneficiar su vida, metas, responsabilidades y relaciones , es una garantía de que su vida comenzará a cambiar para mejor. Comenzará a abandonar sus malos hábitos, perderá menos tiempo, se fortalecerá cuando se trata de rechazar las distracciones y desarrollará buenos hábitos productivos. Estas cosas mejorarán su vida dramáticamente, todo mientras fortalecen su fuerza de voluntad y autodisciplina.

Ponga su corazón y alma en ello

Un punto muy importante a tener en cuenta en esta coyuntura es que no solo para encontrar la motivación y comenzar a desarrollar la autodisciplina, sino para fortalecer y dominar estas cosas, debe poner su corazón y su alma en lo que está haciendo. Puede parecer un punto obvio que para tener éxito, las metas que se establezca y el tipo de éxito que desea alcanzar deben ser cosas que estén alineadas con sus valores centrales, cosas que realmente le importan personalmente y que son cosas que lo apasionan. Sin embargo, para muchas personas, este no es el caso.

Muchos de nosotros pasamos nuestras vidas trabajando hacia objetivos que no son realmente nuestros, o que significan poco para nosotros personalmente. La sociedad, los medios de comunicación, nuestros padres, nuestros maestros, amigos y conocidos a menudo nos conducen hacia objetivos que no están realmente alineados con nuestras más profundas pasiones y valores personales. Muchos de nosotros no tenemos una idea clara de para qué estamos trabajando, más allá de una idea vaga y genérica de prosperidad y éxito que involucra una casa grande, un saldo bancario considerable, un automóvil costoso y una familia atractiva. Cuando sus objetivos son vagos y se basan en lo que otra persona, no usted, define como éxito, no se centrará particularmente en alcanzarlos y trabajar para alcanzarlos.

Como mencioné antes, cuanto más específicos y enfocados sean sus objetivos, más probabilidades tendrá de alcanzarlos y seguir formando las acciones y hábitos cotidianos que le permitirán tener éxito y convertirse en la persona que quiere ser. Cuando se trata de elegir estos objetivos, no hay respuestas correctas o incorrectas; se trata de lo que es significativo e importante para usted, no de sus compañeros, padres o conocidos. Tal vez su objetivo es tener un día un Ferrari. ¡Eso es genial! Deje que esta sea la estrella que guíe sus pensamientos y acciones. Quizás su objetivo sea algo así como ser dueño de un santuario de animales y marcar la diferencia en el mundo de esta manera. ¡Eso es igual de bueno! Concentre todos sus pensamientos, acciones y hábitos en trabajar hacia este objetivo. O tal vez desee convertirse en un maestro pintor al óleo que cree bellas obras de arte. ¡Brillante! Si esa es su pasión, hacer que sus pensamientos y acciones giren en torno a ella será mucho más fácil que trabajar hacia una vaga idea de tener una casa grande y una billetera gorda.

Déjeme contarle una historia rápida sobre un amigo mío llamado Jeff. Conozco a Jeff desde la secundaria. Siempre fue un buen estudiante, pero nunca uno excelente. Sus calificaciones en la escuela eran decentes, pero no excelentes. Desde que era niño, siempre había amado los helicópteros. Airwolf fue su programa favorito cuando era un niño pequeño. Él volaba helicópteros a control remoto los fines de semana, garabateaba helicópteros en sus cuadernos, y cuando nos reuníamos para jugar videojuegos, siempre quería jugar juegos de simuladores de vuelo. Ya puede ver a dónde irá a parar esto, ¿verdad?

Si ya ha adivinado que Jeff terminó siendo piloto de helicóptero, estaría en lo correcto, pero solo ha sido uno desde los treinta y tantos años. Verá, a pesar de ser un apasionado de los helicópteros, sus padres querían que tuviera una carrera prestigiosa y bien remunerada. Se trataba de dinero para ellos. Empujaron a Jeff a estudiar finanzas en la universidad, lo cual hizo a regañadientes. Ingresó a la banca de inversión, como lo querían, y poco después de la universidad estaba ganando un salario de seis cifras.

La cosa es que Jeff no estaba contento. No tenía ningún interés en su trabajo y no le apasionaba su profesión. Sí, tenía mucho dinero, pero rara vez sonreía. Se quejaba sin cesar de cuánto odiaba su trabajo y lo estresante que era, y terminó bebiendo demasiado los fines de semana. Comenzó a engordar mucho y se volvió realmente insalubre, porque cuando no estaba en el trabajo, lo único que hacía era beber, comer comida chatarra, dormir, mirar televisión y jugar videojuegos.

Un día, cuando nos reunimos para tomar una copa, y él se quejaba por centésima vez de cuánto odiaba su trabajo, me di cuenta de que, por todo el dinero que tenía, se dirigía a una tumba temprana. Tuve un una charla del corazón con él acerca de lo que realmente quería hacer, y si realmente quería pasar la mayor parte del resto de su vida haciendo un trabajo que odiaba, independientemente de cuán grande fuera la paga. Cuando arruinas su salud y destruye su actitud ante la vida, ¿realmente vale la pena todo el dinero del mundo?

Jeff me dijo que todavía tenía en secreto un sueño "ridículo" de ser piloto de helicóptero. Le dije: "¿qué tiene de ridículo eso?", Y le señalé que mucha gente lo hace bastante bien como piloto de helicóptero. Le apasionaba, había estado allí toda su vida. Todo lo que necesitaba hacer para cambiar realmente su vida y hacer que valiera la pena vivir en lugar de una lucha constante para superar cada día haciendo algo que odiaba, era encontrar una forma realista de alcanzar este objetivo.

Comenzó a tomar clases de vuelo y registrar horas en un helicóptero los fines de semana, y desde la primera lección estaba enganchado, y vi una pasión que no había visto en él en décadas. El viejo Jeff había vuelto. Ahora, un par de años después, abandonó el mundo de la banca de inversión y vuela helicópteros para ganarse la vida. Puede que ya no esté haciendo seis cifras al año, pero está mucho más feliz, más saludable y más motivado. Es como si fuera una persona diferente: la persona que siempre debió ser, antes de que los objetivos de otra persona lo obligaran a una vida que realmente nunca quiso para sí mismo. ¿Está en una situación como la de Jeff? ¿está caminando penosamente por la vida en busca de lo que otra persona piensa que es mejor para usted, en lugar de lo que realmente le importa? Encontrar una meta que sea significativa para usted, algo que realmente lo apasione y en el que pueda poner su corazón y su alma, es una parte increíblemente importante para encontrar y fortalecer la motivación y dominar el arte del enfoque y la autodisciplina.

Tómelo como un desafío

Si echa un vistazo a YouTube, Instagram o cualquier otro sitio de redes sociales, es probable que no tenga que buscar demasiado para encontrar un video de "desafío". Hay de todo, desde desafíos de treinta días sin azúcar hasta cincuenta flexiones por día durante dos meses, hasta correr tres millas por día durante medio año. Si bien muchas tendencias de las redes sociales son modas inútiles que están en un día y en el siguiente, la tendencia del "desafío" puede ser una herramienta muy poderosa cuando se trata de desarrollar autodisciplina, fomentar y fortalecer los buenos hábitos y rutinas saludables, y mejorar su enfoque, habilidades y salud.

No digo que tenga que sacar una cámara y documentar cada paso de su desafío, pero siga adelante y hágalo si lo ayuda con su motivación. Hay dos aspectos importantes en la configuración de trabajar para alcanzar sus objetivos como un desafío: el hecho de que tiene una tarea diaria que cumplir y el hecho de que tiene un tiempo establecido en el que debe hacer este desafío.

El hecho de que el desafío se debe hacer por un tiempo determinado, ya sea treinta días, dos semanas o seis meses, le proporciona la claridad que tanto necesita sobre cuándo debe alcanzarse el objetivo; en esencia, le está dando una fecha límite, y las fechas límite son herramientas motivacionales extremadamente poderosas. Cuando tiene una fecha límite establecida, proporciona su motivación y enfoque con el tipo de impulso poderoso que un momento impreciso en algún momento no especificado en el futuro nunca puede lograr.

El segundo aspecto, el de tener una tarea diaria que completar, hace maravillas por la motivación y la formación de hábitos positivos. Cuando usted se dice algo como, "está bien, voy a hacer diez flexiones al día, todos los días, sin importar qué, durante treinta días", y lo anota en un calendario y hace un seguimiento de su progreso en un cuaderno, está trabajando en volver a cablear sus patrones de pensamiento y cambiar la estructura de su cerebro, como mencioné anteriormente.

Un punto clave a tener en cuenta aquí es que estos desafíos no tienen que ser grandes para marcar una gran diferencia en su vida, enfoque y autodisciplina. puede, y debería, comenzar de a poco. Haga el desafío fácil. Por ejemplo, si su objetivo es poder correr una media maratón en seis meses, haga su desafío diario de correr solo dos millas por día. Al final de un mes, le garantizo que estará corriendo esas dos millas sin sudar, no importa cuán lejos y difícil le parezca correr ahora dos millas.

Tal vez su objetivo es meditar durante media hora todos los días. Si es así, haga que su meta diaria sea tan fácil como simplemente sentarse en su colchoneta de yoga por solo cinco minutos al día. Haga que su desafío sea lo suficientemente fácil de lograr a diario sin demasiado esfuerzo, y es mucho más probable que lo cumpla de lo que lo haría si intenta sumergirse en el fondo y abrumarse.

Lo más importante sobre crear estos desafíos para usted es, por supuesto, quedarse con ellos durante el tiempo que se haya comprometido a hacerlo. De esta manera, desarrollará fortaleza mental y emocional, fomentará y fortalecerá los buenos hábitos, y comenzará a ver en su propia vida cuán poderosa y cambiante puede ser la autodisciplina.

CAPÍTULO TRES: IGNORANDO LAS DISTRACCIONES Y TENTACIONES

¿Qué nos distrae?

Anteriormente en el libro, mencioné que estamos en una era de distracción masiva, y cuando se trata de autodisciplina, fomentar y fortalecer los buenos hábitos y el éxito para alcanzar sus objetivos, las distracciones tecnológicas pueden ser algunos de sus peores enemigos. Pero, ¿qué pasaría si le dijera que no son solo los teléfonos inteligentes, Internet y la televisión los que se encuentran entre las peores distracciones cuando se trata de obstaculizar nuestro progreso, detener nuestro impulso hacia adelante y evitar que logremos nuestros objetivos?

Sin embargo, antes de comenzar con esto, permítanme decir que los teléfonos inteligentes y otros elementos tecnológicos siempre conectados se encuentran entre los peores delincuentes cuando se trata de distracciones; Ciertamente no voy a dejar que estas cosas se salgan del gancho. Tener un teléfono inteligente con usted en todo momento mientras intenta mejorar su fuerza de voluntad, concentración y autodisciplina, es como un alcohólico que intenta estar sobrio mientras lleva un frasco de whisky con él a donde quiera que vaya, o un drogadicto que lleva una bolsa de heroína a todas partes mientras tratando de ponerse sobrio. Sí, estas son comparaciones oscuras, pero cuando se trata del poder que los teléfonos inteligentes ejercen sobre nuestras mentes, están a la altura de los narcóticos adictivos. Si no me cree, pruebe con un pequeño experimento: Tome tiempo y nota (con lápiz y papel) ponga cuántas veces alcanza y usa su teléfono en una hora. Luego, intente hacer esto durante un día entero, anotando cada vez que revise su teléfono y cuánto tiempo pasa en él. Los resultados pueden aterrorizarle cuando vea con qué frecuencia revisa su teléfono y cuánto tiempo dedica a él todos los días. De hecho, los estudios incluso han demostrado que nuestras capacidades cognitivas se reducen cuando nuestros teléfonos están simplemente en la misma habitación que nosotros.}

Los teléfonos no son las únicas pantallas que nos distraen, por supuesto. La mayoría de nosotros hemos sido culpables de "ver maratones" de una serie, pasar varias horas al día o tal vez un día entero tumbado en el sofá. Solía ser el caso, hace solo unos años, que teníamos que esperar una semana para que saliera un nuevo episodio de nuestra serie favorita. Ahora podemos devorar toda la serie de doce horas de una sola vez. Con la televisión a pedido como Netflix, nunca hemos tenido una variedad tan heterogénea en lo que respecta a los programas de televisión. Lo mismo vale para las películas; ya no tiene que subir a su automóvil y conducir a la tienda de alquiler de videos; todo esto se puede hacer en segundos desde la comodidad de su sofá. Lo mismo ocurre con los videojuegos. Luego, además de todo esto, hay redes sociales, que, como muestran muchos estudios, nos hacen pensar que somos más sociales y conectados con nuestros amigos, pero en realidad nos hace sentir más solitarios y deprimidos.

Para ser claros, no hay nada inherentemente negativo en ninguna de estas cosas. Al igual que una copa de vino de vez en cuando, o una pinta de cerveza, pueden ser formas saludables de relajarse... con moderación. Sin embargo, la moderación es algo con lo que la mayoría de nosotros tenemos problemas, ya sea con teléfonos inteligentes, comida chatarra, series de televisión, redes sociales o cualquier otra distracción insalubre.

Cuando se trata con este tipo de distracciones, si bien puede ser difícil dejar de lado a ellas, si desea avanzar con sus objetivos, mejorar como persona y desarrollar fuerza de voluntad y autodisciplina, esto debe hacerse. Al igual que con todo lo que he mencionado en el libro hasta ahora, un enfoque incremental es más fácil y tiene más probabilidades de tener éxito que quedarse sin aliento. Si desea dejar de pasar cinco horas al día en su teléfono inteligente, intente apagarlo o guardarlo en otra habitación durante una hora al día. Durante un período de días o semanas, puede aumentar lentamente esto hasta dos horas al día, luego tres, y así sucesivamente. El mismo principio se puede aplicar si cree que ve demasiada televisión. Si es culpable de programas de observación compulsiva, limítese primero a, digamos, tres episodios de un programa en particular por día. Luego, después de un tiempo, córtelo a dos, luego finalmente a uno. Y si usted es culpable de ver programas que realmente no le interesan solo porque es una manera fácil de pasar unas horas, debe evaluar sus prioridades. ¿Cómo está viendo un programa que realmente no le importa y no disfruta tanto ayudándolo a lograr sus objetivos? No lo es, en absoluto. Cualquier cosa como esta debería ser fácil de cortar de su vida.

Ahora, volvamos al otro tipo de distracciones, las que mencioné al comienzo de este capítulo. Estas son las distracciones más insidiosas, que ni siquiera pensamos que sean distracciones, pero después de lo que voy a decirle, podrá verlas como tales y reconocer lo dañinas que son.

El deseo de perfección puede parecer una noble búsqueda en la superficie, pero cuando realmente lo mira, comience a darse cuenta de que puede obstaculizar severamente su progreso. Mencioné anteriormente en el libro que los perfeccionistas son a menudo algunos de los peores delincuentes cuando se trata de la dilación. Esto se aplica igualmente a la idea de distracción y enfoque fracturado. Si su enfoque es alcanzar la perfección, en lugar de simplemente mejorar y mejorar gradualmente en algo, es mucho más probable que se sienta frustrado y tire la toalla cuando descubra que no puede estar a la altura de sus expectativas (por lo general poco realistas) expectativas y esperanzas.

Atado a esto hay otra forma insidiosa de distracción: la comparación. Un viejo adagio dice que la comparación es el ladrón de la alegría, y esto es absolutamente cierto. También es el enemigo del progreso y la superación personal. La única persona con la que debería compararse es usted; ¿Es usted hoy una mejor versión de la persona que fue ayer? Desafortunadamente, esta es una de esas cosas que pueden ser más fáciles de decir que de hacer.

Cuando nos comparamos con los demás, a menudo dejamos de pensar en términos lógicos y racionales. Por ejemplo, si su pasión es tocar la batería, todo lo que tiene que hacer para desmotivarse rápidamente y hacerlo sentir mal por su habilidad es ir a YouTube, buscar "cover de batería <nombre de la canción>" de una canción que ha estado trabajando Es difícil mirar a un adolescente prodigio que ha estado tocando por un tercio de las veces que toca la canción diez veces mejor de lo que cree que podría haber hecho.

Si tiene la costumbre de compararse con los demás, sus pensamientos al ver algo como esto probablemente sonarán así: "este niño que tiene la mitad de mi edad y ha estado jugando un tercio del tiempo que tengo, es mucho mejor que yo de lo que pudiese ser. También podría rendirme ahora. Acabo de perder el tiempo ".
Esto ilustra perfectamente cuán dañina puede ser una distracción en comparación con los demás. Y esto

vale para cualquier cosa; Si su objetivo es perder unas pocas docenas de libras, puede ser muy desalentador mirar a alguien que ha estado haciendo ejercicio y comiendo sano la mitad del tiempo que usted, pero ha perdido mucho más peso que usted y se ve "mejor" que usted. alguna vez pudo. Puede ser alguien que ha comenzado el mismo negocio con el que ha estado luchando y que ahora está obteniendo grandes ganancias mientras todavía está luchando para llegar a fin de mes. Hay muchos otros ejemplos que podría usar.

Sin embargo, la cuestión es que cuando simplemente mira el resultado final del viaje de otra persona y lo compara con el punto en el que se encuentra, no está considerando muchos detalles muy importantes. Volviendo al ejemplo de la batería, ese niño que tiene la mitad de su edad, que juega tan bien, probablemente ha estado yendo a clases de un profesional desde una edad muy temprana. No tienen las responsabilidades que usted como adulto, por lo que pueden permitirse pasar tres o cuatro horas practicando todos los días. Tal vez pasan tanto tiempo tocando la batería porque no tienen muchos buenos amigos. Tal vez han sido presionados por padres demasiado entusiastas y extremadamente competitivos. Por otro lado, tal vez simplemente les encanta tanto que han dedicado toda su vida a convertirse en un baterista profesional, mientras que para usted es solo un pasatiempo. Hay muchos factores a tener en cuenta, pero en todo lo que se está centrando es en la comparación.

Quiero volver a la metáfora del maratón en este punto. Imaginemos que es un corredor novato y que ha estado entrenando durante seis meses para correr su primer maratón. Ese es su objetivo, y usted sabe que ese es su objetivo desde el principio: Solo cruzar esa línea de meta antes del tiempo límite de seis horas y obtener la medalla diciendo que lo ha logrado. Sin embargo, en la carrera, hay de todo, desde atletas profesionales internacionales de primer nivel hasta aficionados relajados.

Ahora imaginemos que mientras corre su primer maratón, también está viendo una transmisión en vivo en su teléfono. Mientras corre, revisa su teléfono y ve al primer corredor acercándose a la línea de meta. Es un maratón profesional de Kenia, uno de los más rápidos del planeta. Está a punto de romper el récord mundial, llegando en menos de dos horas. Se siente fuerte y está en camino de terminar antes del corte y así lograr su objetivo, pero acaba de pasar la tercera marca.

Si se compara con él en este momento y se desmotiva y deprime instantáneamente porque su progreso está muy por delante del suyo, está siendo un tonto. Ha descuidado tener en cuenta algunos factores extremadamente importantes. El keniano ha estado corriendo profesionalmente casi desde que aprendió a caminar de niño. Su trabajo está funcionando; lo hace durante muchas horas al día, todos los días, a una intensidad que mataría a la mayoría de las personas.

Usted, por otro lado, ha estado corriendo durante los últimos seis meses. No ha estado en forma durante mucho más tiempo que eso. Su objetivo no era romper un récord mundial, era simplemente terminar el maratón antes del tiempo límite, algo que hace seis meses, no podría haber hecho. Al compararse con el keniano y darse por vencido porque lo ha hecho mejor que usted, es negar todos los pasos de progreso que ha realizado en su propio viaje de acondicionamiento físico, desechar todo el trabajo duro que puso y tirar su meta a la basura. puede incluso antes de acercarse a lograrlo.

Con este ejemplo en mente, ¿puede ver cuán destructivo y dañino puede ser una comparación? De hecho, no es simplemente una distracción; puede poner fin de forma permanente a cualquier progreso que haya realizado y causar un daño tremendo a su fuerza de voluntad y autodisciplina. Permítanme repetir lo que dije antes, en aras del énfasis: ayer, la única persona con la que deberían compararse es con ustedes mismos. ¿está progresando en comparación con quién era ayer?

Una distracción más insidiosa viene en forma de posesiones innecesarias. Apuesto a que la última vez que se mudó de casa, cuando se trataba de empacar cajas y ordenar artículos, probablemente se maldijo por acumular tanta basura en tan poco tiempo.

Probablemente también se preguntará cómo logró acumular todo esto y por qué compró la mitad en primer lugar. Comprar cosas innecesarias no es solo un desperdicio de un recurso valioso (dinero), también le cuesta un recurso aún más valioso: su tiempo. Con los mercados en línea como Amazon y eBay ofreciéndole el contenido de varias megatiendas a su alcance, es fácil perder horas buscando cientos de productos que, en última instancia, no necesita realmente. Trabaja más duro para pagar estas compras innecesarias, desperdiciando su tiempo y dinero en cosas que podría usar una o dos veces, y que después de esto terminan simplemente agregando al desorden en su hogar. Después de eso, generalmente terminan siendo expulsados y contribuyen a la crisis mundial de contaminación y desechos.

Deje de perseguir posesiones innecesarias y comience a perseguir sus objetivos. Concentre su tiempo, energía y dinero en sus prioridades, no en distracciones. Su futuro yo se lo agradecerá.

Fácilmente tentado, fácilmente engañado

Todos han experimentado un antojo por algo antes, ya sea alguien con un dulce antojo de chocolate o dulces, un fumador que anhela un cigarrillo, alguien que lucha por perder peso babeando por la idea de una hamburguesa grande y jugosa, o un jugador que desea desesperadamente arrancar su Xbox o PS4.

Si bien algunas personas no tienen problemas cuando se trata de resistir la tentación, son una pequeña minoría, y la mayoría de nosotros sabemos muy bien lo fácil que es ceder a la tentación.

También estamos muy familiarizados con las emociones que a menudo acompañan a ceder a la tentación: culpa, vergüenza, sentimientos inútiles y otras emociones negativas. Este es especialmente el caso si nos hemos comprometido con un objetivo y estamos tratando de trabajar para cambiar nuestros hábitos y nuestras vidas para mejor. Cuando cae presa de la tentación en ese viaje, generalmente se siente peor con usted mismo.

¿Pero por qué a menudo cedemos tan fácilmente a las tentaciones? ¿Qué hace que sea tan difícil resistirse a su encanto? Parte de la respuesta a eso se reduce al hecho de que todos están conectados de manera un poco diferente. Nuestros genes individuales influyen en cuán susceptibles somos a ciertas tentaciones, ya sea; comida, cigarrillos, alcohol u otras sustancias nocivas.

Si bien puede parecer difícil o imposible superar una predisposición genética a ser tentado fácilmente por ciertas cosas, los genes no son el principio y el fin del asunto. Hay otras razones por las que somos víctimas de las tentaciones, razones por las que podemos tener mucho más control.

Cuando se trata de lograr el éxito y alcanzar sus objetivos, todos podemos estar de acuerdo en que es necesario un enfoque a largo plazo, ya que es una buena estrategia para lograrlo y una definición muy clara de cuál es exactamente su objetivo. En este punto, quiero enfatizar cuán importantes son los detalles de su estrategia personal y la claridad de la definición de sus objetivos, porque están relacionados con la tentación y la distracción.

Si no tiene un objetivo muy claramente definido, es más probable que ceda a la tentación. Piénselo de esta manera: si tiene que ir a un centro comercial para ir a una ferretería para obtener una herramienta específica, necesita terminar un proyecto de bricolaje que está ansioso por completar, es probable que estacione su automóvil, vaya directamente a la ferretería, evitando la distracción de todas las otras tiendas, obtenga su herramienta y salga. Sin embargo, si solo va al centro comercial porque tiene la vaga idea de que "necesita algunas cosas", es probable que deambule y pierda tiempo y dinero haciendo escaparates, navegando y comprando mucho cosas que no necesita

Del mismo modo, si tiene un objetivo vago, digamos, eventualmente pierde cuarenta libras, será mucho más probable que ceda a tener esa barra de chocolate cuando le llegue el impulso, porque ¿por qué no? Eventualmente se perderá esas cuarenta libras, ¿verdad? Incorrecto. Necesita que sus objetivos tengan parámetros claramente definidos para ser más resistentes a las diversas tentaciones. Si su objetivo es perder exactamente cuarenta libras en X meses, estará más concentrado y será más capaz de resistir la tentación cuando aparezca.

Además, la estrategia que está utilizando para lograr sus objetivos puede desempeñar un papel en la eficacia con la que puede resistir la tentación. A veces, por extraño que parezca, centrarse en el progreso en lugar de la meta en sí misma puede hacer que ceda a la tentación. Por ejemplo, si ha progresado bien en el gimnasio, y ha visto aumentar su fuerza y resistencia, y su peso ha disminuido en unas pocas semanas, es más probable que empiece a aflojarse. Después de todo, si ha progresado, es bastante fácil convencerse de que puede "tratarse" con elementos que realmente obstaculizarán su progreso y dañarán sus posibilidades de lograr sus objetivos. Esto, por supuesto, es la forma incorrecta de hacer las cosas. Si estuviera centrado exclusivamente en su objetivo en lugar de progresar, estaría en mejores condiciones para resistir este tipo de tentación.

No se preocupe, puede resistirlo e ignorarlo

Si bien resistir las tentaciones puede parecer un esfuerzo inútil, no se preocupe, porque hay esperanza cuando se trata de mantener el rumbo. Con el enfoque correcto, puede usar la fuerza de voluntad, el enfoque y la autodisciplina no solo para resistir la tentación, sino para reducir y debilitar el tipo de antojos que lo llevan por el camino de la tentación en primer lugar.

Recuerde, nuestros cerebros son maleables y podemos cambiar nuestros hábitos. Cuanto más fomentamos los buenos hábitos y los patrones de pensamiento positivos, más resistentes nos volvemos a la tentación y la distracción. El primer paso que podemos dar cuando se trata de fortalecer nuestra fuerza de voluntad y resistir la tentación es tomar conciencia de nuestros antojos y pensar conscientemente en ellos. Si se encuentra atraído por una fuerza aparentemente irresistible hacia el tarro de galletas, deténgase y dígale algo como "mi cerebro no anhela las galletas en este momento".

Suena tonto, pero es un poderoso primer paso para facilitar los cambios cognitivos y construir la fuerza de voluntad que le permitirá superar la tentación.

En segundo lugar, ahora que has reconocido conscientemente el deseo, podrá comenzar a separar los deseos de su cerebro de los suyos. Cuando se da cuenta de que es su cerebro lo que lo está conduciendo hacia la tentación en lugar de ser algo que realmente desea para usted mismo, gradualmente será más fácil resistir los antojos insalubres e inútiles.

Una vez que haya identificado y reconocido este hecho sobre su antojo, puede comenzar a reenfocar el deseo. ¿Lo está llamando esa consola de juegos porque realmente necesita jugar videojuegos en este momento porque tiene mucha energía mental, o es solo que está aburrido y necesita algo que hacer? Si tiene energía mental, redirija ese deseo eligiendo trabajar en una habilidad que le permita alcanzar su objetivo. ¿Desea comer dulces porque realmente tiene hambre y necesita nutrición, o simplemente siente un poco de satisfacción? Coma algo que sea realmente nutritivo y saludable, y luego sus antojos desaparecerán.

Hay otras formas útiles de resistir e ignorar la tentación. Lo más fácil, por supuesto, es restringir su acceso a lo que sea que lo tiente. Deshágase de la mayor parte de su chocolate o guarde la consola de juegos durante la mayor parte del día.

También puede probar un enfoque de límite de tiempo corto. Esta es una buena manera de fortalecer su fuerza de voluntad y resolución. Cuando golpea un antojo, haga todo lo posible por ignorarlo por completo durante diez minutos; mire esto en un reloj si es necesario. Dígase a sí mismo que resistirá durante tanto tiempo, y si el deseo persiste después de diez minutos, intente resistir por otros diez. Lo más probable es que haya desaparecido o al menos disminuido en ese momento, y probablemente habrá ocupado su tiempo con algo más productivo y útil.

Además, es útil recordar continuamente que cada vez que cede a una tentación, está haciendo más difícil resistir esa tentación en el futuro. Del mismo modo, resistir la tentación fortalece su resolución futura para resistir los antojos.

CAPÍTULO CUATRO: SUPERAR LA PROCRASTINACIÓN

Elegir no es fácil para todos

Si fuera fácil superar la procrastinación, nadie en el mundo sería un procrastinador. Más allá de los factores que ya hemos discutido, como el perfeccionismo, el miedo al fracaso, la falta de objetivos claros y la ausencia de una estrategia para alcanzarlos, hay otras razones por las que las personas se demoran. Estos factores son tan poderosos como los mencionados anteriormente, pero pueden ser un poco más insidiosos.

Varias veces en este libro he mencionado lo importante que es tener sus prioridades en orden, tener objetivos claramente definidos (en lugar de vagos) y una hoja de ruta bien planificada sobre cómo alcanzar sus objetivos. Lo que causa la dilación de muchas personas es una simple incapacidad para elegir. ¿Pero qué elegir? La respuesta a esto es simple: sus prioridades. Sus metas. Sin embargo, a pesar de lo básico que es este concepto, muchas personas tienen un momento tremendamente difícil a la hora de elegir sus prioridades y establecer objetivos claros.

Por qué este es el caso para muchas personas se reduce a una serie de factores. Todos somos diferentes, y todos tenemos genes diferentes, educación diferente y venimos de orígenes diferentes. Para ilustrar cómo esta dificultad en la elección puede llevar a la dilación, imaginemos que tres amigos, Adam, Bob y Carl, han ido a cenar a un restaurante buffet. Es el restaurante buffet más grande de la ciudad, y hay cientos de opciones para elegir. Adam ya sabe que está de humor para los mariscos, por lo que se dirige directamente al mostrador de pescados y mariscos y llena su plato. Regresó a la mesa en minutos y se acurrucó. Bob se toma un poco más de tiempo para examinar lo que se ofrece. Tiene una vaga idea de que quiere algo asado. Camina un rato y le lleva unos quince minutos encontrar la combinación adecuada de artículos asados, pero finalmente también vuelve a la mesa. Carl, sin embargo, no tiene idea de lo que quiere. La gran variedad de platos en oferta parece demasiado grande para comprender. Vaga por las mesas del buffet, incapaz de elegir. Debido a que tiene tantas opciones, tiene miedo incluso de poner una porción de un plato en su plato, en caso de que luego encuentre algo que preferiría tener. Camina sin rumbo durante más de una hora, prefiriendo mirar cada plato y deliberar sobre los méritos de cada uno, y para cuando finalmente se decide por algo, Adam hace mucho tiempo que se fue a casa, y Bob se está yendo.

Mientras que algunos de nosotros somos como Adam, y algunos son como Bob, muchos de nosotros somos como Carl. Presentado con una gama aparentemente infinita de posibilidades futuras, una enorme variedad de caminos que podríamos recorrer, nos sentimos abrumados y no podemos elegir. En cambio, esperamos que la vida arroje mágicamente una respuesta en nuestro camino, y mientras esperamos, ¿qué hacemos? Dilación, por supuesto.

Tomar grandes decisiones y elegir una cosa cuando hay tantas posibilidades abiertas puede ser extraordinariamente difícil. Es por eso que realmente tenemos que pensar mucho sobre nuestras prioridades y alinear nuestros valores centrales con nuestros objetivos y prioridades. Muchos de nosotros flotamos en la vida como Carl deambulando por las mesas del buffet. Si nunca ha pensado realmente en construir una vida estructurada en torno a sus valores fundamentales, sus prioridades y alcanzar objetivos claros, entonces puede ser muy difícil dejar de perder el tiempo y postergar. Sin embargo, una vez que solucione estas cosas, será más fácil tomar decisiones.

Las cosas que hacemos para la gratificación instantánea

He mencionado lo difícil que puede ser elegir una ganancia a largo plazo sobre el placer a corto plazo, incluso cuando entendemos en algún nivel que estas elecciones a corto plazo nos están perjudicando. La gratificación instantánea es un término que he usado varias veces en este libro, pero ¿qué significa realmente? La gratificación instantánea significa elegir placer a corto plazo, generalmente inmediato, sobre una acción, generalmente menos satisfactorio en términos de placer sensorial, lo que nos beneficiaría a largo plazo. Esta última opción, elegir la opción a largo plazo menos deseable pero más saludable o más beneficiosa, es lo opuesto a la gratificación instantánea y se conoce como gratificación tardía. Ejemplos de gratificación instantánea en lugar de gratificación retrasada sería elegir comer una barra de chocolate en lugar de preparar una comida de vegetales saludables, o elegir salir al sofá y jugar videojuegos durante horas en lugar de hacer ejercicio, o elegir desplazarse por su las redes sociales se alimentan de su teléfono en lugar de estudiar o leer un libro.

Sin embargo, ¿por qué somos tan propensos a elegir la gratificación instantánea sobre la gratificación tardía? Una gran parte de esto está conectada a nuestra biología a través de la evolución. Durante millones de años sobrevivimos en entornos salvajes hostiles, en los que podríamos ser asesinados por grandes depredadores o simplemente morirnos de hambre, eligiendo el placer sensorial inmediato. Si fuera un humano prehistórico y estuviera deambulando por la sabana y se encontrara con un arbusto lleno de bayas maduras, habría sido más sabio llenar su estómago de inmediato con la mayor cantidad posible de esas bayas, porque no tenía forma de almacenarlos (se pudrirían muy rápido con el calor), y probablemente no hubiera tenido idea de cuándo volvería a encontrar una delicia tan deliciosa, o cualquier alimento en absoluto.

Si bien ya no vivimos en entornos salvajes peligrosos, todavía somos biológicamente iguales a los seres humanos de hace decenas de miles de años, y aún poseemos los mismos instintos.

Teniendo en cuenta cuán poderosos son estos impulsos, ya que están arraigados en un comportamiento que habría significado la diferencia entre vivir y morir hace unos miles de años, pueden ser difíciles de superar. Difícil, sí, pero no imposible.

Recuerde, tenemos otros instintos muy poderosos basados en el comportamiento de supervivencia, pero podemos resistirlos en gran medida. Ninguno de nosotros puede negar que ocasionalmente nos sentimos sexualmente atraídos por personas que no sean nuestra pareja, y a veces estos impulsos pueden ser muy fuertes. Sin embargo, la mayoría de nosotros somos capaces de resistir estos impulsos, ya que ceder ante ellos significaría la destrucción de nuestras relaciones.

¿Por qué resistimos estos impulsos particulares, incluso cuando son fuertes? Porque sabemos que actuar con esos impulsos dañará a alguien cercano a nosotros. Cuando entendemos que actuar con la urgencia de una gratificación instantánea más tarde dañará a alguien (a nosotros mismos) y lo aplicamos a otras áreas de nuestras vidas, pensando conscientemente en cada elección que hacemos, podemos comenzar a fortalecer nuestra fuerza de voluntad y disciplina cuando se trata de la gratificación instantánea y hacer elecciones más acordes con el principio de la gratificación retrasada. "Olvidé" y "No tengo suficiente tiempo"

Todos hemos usado estas excusas para explicar por qué no hicimos algo importante. De hecho, probablemente usamos uno o ambos de estos múltiples veces al día, ambos para poner excusas a los demás y a nosotros mismos. Algunas veces estas excusas son válidas; tal vez realmente tuvimos un día muy ocupado, y no pudimos encajar en esa tarea, o tal vez tuvimos que completar un proyecto realmente grande y mentalmente agotador que nos hizo olvidar hacer esa cosa importante que dijimos que haríamos hacer.

Sin embargo, estas excusas a menudo se usan para cubrir el hecho de que no hicimos algo por pereza o descuido. También se utilizan para encubrir la mala organización del horario, sintiéndose abrumado por la posibilidad de realizar incluso tareas menores, la inacción basada en no tener una idea clara de cómo comenzar algo y la incapacidad de seguir un programa hasta su finalización.

Si desea fortalecer su fuerza de voluntad y comenzar a dominar el arte de la autodisciplina, debe dejar de usar estas excusas y otras como muletas. Por supuesto, esto es más fácil decirlo que hacerlo, pero esto no significa que sea imposible.

Si a menudo usa este tipo de excusas, es probable que no sea siempre perezoso, desconsiderado, incapaz o inepto: simplemente no ha abordado la tarea que necesita completar de la manera correcta. Este es especialmente el caso cuando se trata de usar estas excusas sobre nosotros mismos, para calmar nuestras conciencias culpables al final del día, cuando descubrimos que no hemos progresado en términos de lograr nuestros objetivos a largo plazo.

A menudo posponemos el trabajo hacia nuestros objetivos cuando parecen demasiado grandes, demasiado pesados para abordarlos de inmediato. Es más fácil seguir diciendo "No tuve suficiente tiempo para trabajar en eso hoy" que dar ese primer paso hacia la montaña. Pasan unos días, luego unas semanas, luego unos meses, y cuando ha pasado un año, descubra que no ha dado un solo paso hacia la montaña, y se siente culpable y sin valor.

Esto no se debe a que el objetivo sea insuperable o increíblemente difícil. Podría ser algo tan simple como perder veinte libras de peso, aprender los conceptos básicos de un nuevo idioma, poder correr diez millas sin parar o aprender a tocar algunas canciones en el piano. La cuestión es que, cuando está mirando una montaña (nos quedaremos con la metáfora de la montaña), ya sea Everest o un pico mucho más pequeño en su propio país, se ve muy intimidante desde el fondo. Esto se debe a que a menudo interpretamos el proceso de levantarlo como un solo trabajo largo y arduo sin interrupción.

Sin embargo, una forma mucho más productiva de verlo es dividirlo en trozos mucho más factibles.

Concéntrese en cada sección, por pequeña que sea, manteniendo la cima de la montaña en el fondo de su mente. Si rompe la escala de ese pico de 3000 metros en seis trozos de 500 metros, de repente parece mucho más fácil. Escalar esa imponente montaña parece una brisa cuando la desglosa aún más, en treinta trozos de solo 100 metros cada uno.

Por lo tanto, si hace un plan para abordar sus objetivos desglosándolos en pasos realistas y fáciles de lograr, descubrirá que puede seguir estos planes con mucha consistencia. Esto funcionará aún mejor si reserva un tiempo específico todos los días para trabajar en estas cosas; No subestime el poder de la rutina y un horario.

Ponerse con una correa

La mayoría de nosotros probablemente hemos visto una película de guerra o un programa de televisión en el que hay una secuencia sobre cómo los reclutas en bruto se entrenan para convertirse en soldados altamente disciplinados. Lo que generalmense encuentra en estas escenas es un sargento duro como un clamor que grita a los jóvenes confundidos, incapaces y descoordinados que no tienen idea de lo que están haciendo. Parece cruel, como una forma de tortura, pero a medida que avanza la película, ves que esos torpes y torpes jóvenes se están transformando en máquinas asesinas altamente disciplinadas y súper en forma.

Este concepto ha llevado a los especialistas en marketing a optar por el término militar "campo de entrenamiento" para programas de acondicionamiento físico, programas de pérdida de peso o incluso para aprender programación de computadoras o un idioma. ¿Qué subyace en el núcleo de la filosofía del "campo de entrenamiento", a lo que se aplique? La respuesta es *disciplina*.

Como he dicho muchas veces a lo largo de este libro, el dominio de la autodisciplina puede ser realizado por cualquier persona, pero ciertamente no es fácil. Para ser su propio sargento de simulacro, no necesita gritarse, abusar, ni forzarse a hacer veinte flexiones cada vez que se resbala. De hecho, un enfoque más compasivo funcionará mucho mejor a largo plazo. Sin embargo, debe comprender que establecer y cumplir reglas estrictas lo beneficiará y le permitirá tener éxito, alcanzar sus objetivos y mejorar usted mismo. También debe comprender que al principio, probablemente se sentirá como una lucha seria para cumplir con estas reglas, al igual que los reclutas crudos no aptos y perezosos encuentran que los primeros días en el campamento de entrenamiento son un infierno en la tierra.

Una de las primeras cosas que debe comprender acerca de postergar y poner excusas, y elegir la gratificación instantánea en lugar de la gratificación retrasada, es que estas elecciones provienen de un lugar emocional, así como (a veces) instintivo. Cuando reconocemos esto y nos permitimos observar estas emociones con desapego en lugar de luchar contra ellas y reemplazarlas con culpa y enojo hacia nosotros mismos, se hace más fácil superarlas.

Dígase a sí mismo, cuando siente una emoción negativa, "Me siento culpable en este momento" o "Me siento enojado ahora". Intente observar sus emociones desde la perspectiva de un extraño. Suena extraño, y se sentirá incómodo cuando lo pruebe por primera vez, pero como con cualquier cosa, cuanto más practique, más natural le resultará. Luego, cuando comienza a ver y reconocer tales emociones con desapego, no solo los sentimientos negativos pasarán más rápidamente, sino que surgirán con menos frecuencia.

En línea con esto, puede permitirse fallar a veces y aceptar que se equivocará. Puede ser compasivo con usted mismo en lugar de ser crítico con usted mismo, lo que conducirá a una bola de nieve de emociones negativas. Nuevamente, cuando observa sus errores desde esta perspectiva, ocurrirán con menos frecuencia.

Sin embargo, esto no significa que deba ser fácil con usted mismo cuando se trata de disciplina. Ser compasivo con usted mismo no es igual a ser flojo. Un componente fuerte del desarrollo de la fuerza de voluntad y la autodisciplina es la perseverancia. La perseverancia se aplica con reglas estrictas y castigos severos en un campo de entrenamiento militar, porque funciona absolutamente. No permitir que los nuevos soldados simplemente se rindan cuando se enfrentan a un desafío, y obligarlos a seguir corriendo X millas todos los días los endurece y los hace más fuertes, más en forma y más disciplinados de lo que podrían ser de otra manera. Debe comprometerse con la perseverancia, incluso si perseverar significa dar un solo paso al día. Si usted y otro alpinista están ambos en la parte inferior de una montaña, mirando hacia arriba, y usted da un solo paso al día durante un año, mientras él pone excusas y se mete, al final de ese año estará mucho más cerca a la cumbre de la montaña que él. Perseverar con una tarea diaria, sin importar cuán pequeña sea, es exactamente cómo podrá formar un buen hábito y progresar constantemente. También, como levantar pesas todos los días, fortalecerá constantemente su fuerza de voluntad y autodisciplina.

Una vez más, dividir su objetivo en una serie de pequeños pasos, como el alpinista que se concentra en hacer unos cientos de metros todos los días para llegar a la cima, ayudará enormemente en lo que respecta a la perseverancia. Es mucho más fácil perseverar con algo cuando se divide en trozos pequeños y fáciles de manejar. A medida que su fuerza de voluntad y autodisciplina se fortalezcan, puede dividir gradualmente estos trozos en otros más grandes y complejos.

Simplemente hágalo

Nike es probablemente una de las marcas internacionales más grandes, y su eslogan de marca registrada, "Just Do It", es probablemente uno de los más utilizados y altamente reconocibles en el mundo. Es breve, simple y contundente, y hace una declaración poderosa, especialmente pertinente a la luz del tema de este libro.

"Just Do It" es un eslogan brillante a tener en cuenta cuando se trata de superar la dilación, desarrollar la autodisciplina y fortalecer su fuerza de voluntad. Volviendo a la idea del "campo de entrenamiento", la razón por la cual los reclutas brutos avanzan a pasos agigantados cuando son conducidos por un instructor de ejercicios duro y despiadado es porque se ven obligados a "simplemente hacerlo" todos los días. Llueva o haga sol, caliente o frío, no importa cómo se sientan, los soldados se ven obligados a entrenar duro al mismo tiempo, para un nivel de intensidad cada vez más difícil, todos los días, sin falta.

Sí, su "solo hágalo" viene con amenazas de castigos severos, pero el poder de "solo hacerlo" es innegable. Los campos de entrenamiento transforman a los civiles perezosos e ineptos en soldados increíblemente disciplinados y extremadamente aptos en cuestión de semanas.

Lo entiendo. Mirar fijamente a una pantalla en blanco da miedo. Mirar un gimnasio lleno de pesas que se supone que debe levantar durante una hora te hace sentir agotado sin siquiera comenzar. La posibilidad de ponerse los zapatos para correr cuando sabe que tiene que recorrer diez millas bajo la lluvia puede parecer un castigo peor que la cárcel.

Pero tiene que "hacerlo". Y es que, una vez que haya superado el empuje inicial, el impulso que ha acumulado lo llevará. Una vez que haya escrito algunas palabras y ponga algo de negro en esa pantalla blanca, las palabras comenzarán a fluir. Una vez que haya preparado sus primeras series de repeticiones con las pesas, el resto de la hora parecerá una brisa. Y después de que se haya puesto sus zapatos para correr y haya entrado en su ritmo de carrera después de esa primera milla, estará sonriendo mientras corre y se preguntará por qué dejó esto por tanto tiempo.

Verá, cuando se obliga a dar ese primer paso, a escribir esa primera palabra, a levantar ese primer peso, está desatando una fuerza poderosa: la del impulso. Es como tener una pelota pesada que tiene que rodar cuesta abajo empujándola primero sobre un pequeño bulto. Sí, puede ser difícil lograr que el balón supere el golpe, pero una vez que lo supera, comenzará a rodar por sí solo. Esta es la razón por la que "simplemente hacerlo" es una herramienta tan poderosa cuando se trata de encaminarlo para alcanzar sus objetivos diarios. No se quede sentado pensando en hacer algo: muévase y hágalo, incluso si solo logra hacerlo durante cinco minutos. Cinco minutos de progreso en un día es mucho mejor que ningún progreso. Y cuanto más se obligue a "simplemente hacerlo", más fuerte será su fuerza de voluntad y dominio de autodisciplina, y menos necesitará obligarse a "hacerlo", y más gravitará naturalmente. hacia la acción en lugar de la dilación.

CAPÍTULO 5: EL CÓDIGO DE TRUCO PARA LA PROCRASTINACIÓN

Truco efectivo = Conocimiento + Control

Todos los que han jugado un videojuego difícil saben lo útiles que son los códigos de trucos. ¿Qué es un código trampa, sin embargo? En términos de videojuegos, es un código que ingresa que efectivamente te da superpoderes en el juego, permitiéndote vencerlo con facilidad. ¿No sería genial si el mismo principio se pudiera aplicar a la vida, si hubiera "códigos de trampa" que pudiéramos utilizar para superar desafíos difíciles, como superar la dilación? La buena noticia es que tales cosas existen, y puede superar la dilación con el enfoque correcto.

Mencioné antes cuán intensamente nuestros cerebros anhelan ciertas recompensas de placer sensorial a corto plazo (como la comida chatarra), y el papel que juega el neurotransmisor dopamina para hacernos sentir eufóricos ante la mera anticipación de obtener estas recompensas. También puede recordar que dije que nuestros cerebros son maleables y que en realidad podemos reconectarlos y cambiar su funcionamiento.

Comprender qué es la dopamina y el papel que desempeña en nuestro comportamiento y hábitos es el primer paso para liberarnos de los lazos que a menudo nos pueden unir. La dopamina no es algo malo, tiene un propósito evolutivo muy poderoso, en términos de pura supervivencia, después de todo, pero es adictiva y actúa indiscriminadamente. En nuestras vidas seguras y modernas, donde nuestra supervivencia rara vez se ve amenazada, los golpes de dopamina ya no provienen de encontrar un arbusto raro de bayas maduras. En cambio, provienen de cualquier cosa que nos da placer a corto plazo. El azúcar es un gran activador de la dopamina, y otras sustancias adictivas como los cigarrillos, la cafeína y el alcohol también pueden serlo. Esto también se aplica a la estimulación mental: cosas como las redes sociales, la pornografía, los videos de YouTube, los juegos de azar, las compras, los videojuegos y los juegos de teléfonos celulares.

Sin embargo, la forma en que funciona la dopamina significa que solo proporciona satisfacción a corto plazo. ¿se siente lleno y satisfecho después de comer una pieza de chocolate? No. ¿Siente que se ha rascado con éxito la picazón después de solo un minuto de desplazarse por las redes sociales? ¿No? Entonces, termina anhelando más y más de estas cosas para seguir recibiendo esos golpes de dopamina. Y, lo que es peor, recibir el mismo golpe de dopamina se vuelve cada vez más difícil a medida que su cerebro desarrolla tolerancia hacia las cosas que una vez lo estimularon.

Volvamos al código de trucos ahora. El título de esta sección establece que un código de trucos efectivo está compuesto de conocimiento más control. Ahora que tiene conocimiento de qué es la dopamina y cómo modifica su comportamiento, puede comenzar a ejercer cierto control.

¿Tomará el desafío?

Obtener el aspecto de "control" de conocimiento + control es simple, pero no fácil. La dopamina es muy adictiva y desintoxicar su cerebro de la dopamina será un desafío. Sin embargo, puedo asegurarle que será un desafío extremadamente valioso, uno que arrojará excelentes resultados en términos de fuerza de voluntad, autodisciplina y bienestar mental.

Primero, ¿qué es una desintoxicación? La desintoxicación es la abreviatura de desintoxicación, es decir, la eliminación de sustancias tóxicas de un sistema. En los círculos de salud y bienestar, el término se usa para describir un período de limpieza del cuerpo y la mente de sustancias nocivas, y el proceso puede durar de días a semanas. La desintoxicación de sustancias nocivas y adictivas puede ser un proceso difícil y difícil, no se considera un desafío para nada, pero arrojará algunos resultados muy valiosos.

Antes de comenzar su desintoxicación de dopamina, debe identificar qué es lo que desencadena su respuesta a la dopamina. ¿tiene un problema particular con el azúcar? ¿Cafeína? ¿Redes sociales?

¿Compras? ¿Atracones viendo programas de televisión? Identificar y reconocer el hábito problemático es el primer paso para eliminarlo. Un descargo de responsabilidad rápido aquí: si su adicción es a las drogas ilegales (o drogas legales pero peligrosas como las benzodiacepinas) o al alcohol, donde existe una dependencia fisiológica, busque ayuda profesional de un profesional médico antes de intentar cualquier tipo de desintoxicación.

Para que su desintoxicación de dopamina funcione, debe abordarla de manera realista. No puede simplemente ir a pavo frío en todo de una vez e intentar vivir como una especie de monje ascético. En cambio, elija una cosa para desintoxicarse, y vaya a un "ayuno de dopamina" de esa única cosa, sea lo que sea que piense que es su peor desencadenante, el hábito que consume la mayor parte de su tiempo y energía.

Ahora, puede intentar hacer un estilo de "día de la semana" rápidamente, o disminuir gradualmente. En un día de la semana de desintoxicación de dopamina, se abstiene de usar su gatillo durante un día entero, el mismo día de cada semana. Entonces, si está tratando de reducir su uso de las redes sociales, todos los jueves no lo utiliza en absoluto. Ni siquiera por un par de segundos para responder mensajes o verificar notificaciones. O si se trata de azúcar, está tratando de recortar, por ejemplo, todos los martes, no come ni bebe una sola cosa con azúcar. Cuando se vuelve más fuerte en términos de resistir estas tentaciones, puede hacerlo dos días a la semana, luego tres, y así sucesivamente.

Con el método cónico, sigue usando su disparador, pero controla de cerca el tiempo que pasa usándolo. Use un cronómetro si es necesario y programe su uso todos los días. O, si es algo como cortar el azúcar o la comida chatarra, escriba en un diario todo lo que come o bebe con azúcar. Su objetivo es reducir sus números en pequeños incrementos todos los días.

Este código de trucos toma tiempo para acostumbrarse

Una desintoxicación de dopamina no se llama un desafío para nada. No subestime lo poderosa que es la fuerza de una adicción a la dopamina, pero tampoco subestime su propio potencial. Usted es más fuerte y más resistente de lo que puede imaginar, y al dar un paso a la vez y dividir las cosas en trozos pequeños y fáciles de manejar, puede lograr mucho más de lo que piensa.

Cuando se trata de un hábito especialmente difícil de abandonar, el método de reducción puede funcionar mejor para usted. Al reducir gradualmente la cantidad de tiempo que pasa en algo o la cantidad que consume, podrá desconectar su cerebro de manera efectiva.

Además, como he dicho antes, practica la compasión con usted mismo. Sea indulgente consigo mismo en lugar de ser duro y crítico. Acepte que a veces se resbalará y trabaje para que esos resbalones sean menos frecuentes. Tenga en cuenta sus pensamientos y analice sus emociones como si las observara desde la perspectiva de un extraño. La perseverancia es la clave aquí; mantén el compromiso que hiciste, incluso cuando parezca que es la cosa más difícil del mundo. Realmente valdrá la pena, y dejar de lado las cosas que desencadenan su respuesta a la dopamina realmente lo liberará y hará maravillas por su fuerza de voluntad y autodisciplina.

No olvide equilibrarlo

No piense en su desintoxicación de dopamina como un período de privación y castigo. Si se acerca a una dopamina rápidamente con la mentalidad de que será un ejercicio de tortura y dolor, se sentirá así. Sí, va a ser difícil dejar de lado y privarse de ciertas cosas que le dieron éxitos de dopamina, pero debe concentrarse en los aspectos positivos de lo que está ganando. Comenzará a ser más consciente, más enfocado, más tranquilo, más interesado en el mundo que se rodea, podrá prestar atención a las cosas que importan, y comenzará a descubrir que puede hacer las cosas a tiempo y ver tareas hasta su finalización.

Encuentre algo saludable que le brinde alegría y ponga una sonrisa en su rostro y recompénsese por resistirse a su hábito negativo con esta cosa, ya sea un refrigerio saludable, un paseo por el parque o leer un libro entretenido. Concéntrese en los sentimientos de satisfacción que le brinda esta cosa saludable, y pronto descubrirá que anhela cada vez menos las cosas poco saludables e improductivas.

CAPÍTULO SEIS: DESARROLLANDO SU FUERZA MENTAL

¿Qué lo hace mentalmente difícil?

Mucho de lo que he discutido en este libro se relaciona con la fortaleza mental. La fuerza de voluntad y la autodisciplina están asociadas con ser mentalmente fuerte, y con razón. Sin embargo, ¿cómo se define exactamente la dureza mental? En realidad, el concepto de dureza mental es multifacético y abarca muchos factores diferentes. Sin embargo, los factores clave que definen la dureza mental son la confianza, la motivación, la resistencia, el optimismo, la perseverancia y una fuerte voluntad de éxito.

Echemos un vistazo rápido a estos factores en términos de cómo se relacionan con la fortaleza mental. La confianza en la propia capacidad de cumplir con las tareas y tener éxito en los objetivos es un componente muy importante de la fortaleza mental. Sin confianza en nosotros mismos, nos resultará difícil lograr algo.

La motivación está ligada a la confianza; Si poseemos un fuerte sentido de confianza en nosotros mismos, es mucho más fácil encontrar la motivación para hacer lo que tenemos que hacer para lograr nuestros objetivos.

La resiliencia es una característica muy importante de la fortaleza mental también. Sin resistencia, es probable que nos derrumbemos y nos rindamos ante la primera señal de cualquier tipo de desafío. La resiliencia nos mantiene activos incluso cuando parece que las probabilidades están en contra de nosotros, y lo que estamos tratando de lograr es imposible. También es muy importante cuando se trata de mantener la cabeza nivelada en tiempos de crisis. También significa que puede fallar y volver a levantarse, en lugar de permitir que una falla lo aplaste.

El optimismo es otro aspecto importante de la dureza mental, y es uno que a menudo se malinterpreta o se considera algo deslucido. El optimismo, en términos de dureza mental, no se trata de usar una sonrisa incluso cuando no es feliz, o de tratar de encontrar alegría artificial en todo, o de ser una especie de animadora burbujeante. En cambio, se trata de ver el aspecto positivo de un desafío que se puede lanzar en su camino, tener fe en sus propias habilidades para lograr sus objetivos y creer firmemente en sus propias capacidades, creer que puede ser un ganador.

La perseverancia y una fuerte voluntad de éxito están estrechamente vinculadas; Si tiene la determinación necesaria para tener éxito, es probable que esté mucho más dispuesto a perseverar con un objetivo a largo plazo que alguien que carece de esta capacidad. Y, como he mencionado varias veces en este libro, la perseverancia constante casi siempre triunfa sobre el talento en bruto. Si se queda con algo por mucho tiempo sin rendirse, tiene garantizado ver resultados positivos y éxito.

Una mentalidad fuerte y positiva

¿Qué es una mentalidad positiva y por qué es tan crucial para el éxito? Una mentalidad positiva le permite ver el mundo de una manera que le permite aprovechar al máximo sus habilidades y circunstancias. Como dije antes, no se trata simplemente de alegría artificial y arcoiris y unicornios. En cambio, se trata de esforzarse por ver lo mejor en usted, así como en otras personas. Alguien con una mentalidad fuerte y positiva aceptará los desafíos en lugar de tratar de huir de ellos, y hará todo lo posible para tratar de sacar lo mejor de cualquier situación mala en la que se encuentre, en lugar de permitir que sus circunstancias los paralicen.

Además, alguien con una mentalidad positiva es mucho más probable que trate sus fallas, que son inevitables, sin importar quién sea y cuán talentoso sea, como experiencias de aprendizaje en lugar de terribles contratiempos o derrotas aplastantes. Una mentalidad fuerte y positiva le permite estar agradecido por las personas en su vida, las cosas que has logrado y lo lejos que ha llegado. También evita que culpe a los demás por sus propias deficiencias.

Sin embargo, ¿cómo se construye una mentalidad fuerte y positiva? ¿Es algo que se puede construir, o es algo con lo que tenemos que tener la suerte de nacer? Si bien algunas personas nacen con un sesgo inherente hacia la fortaleza mental y la positividad, y algunas están genéticamente inclinadas a ser lo contrario, esto no significa que su mentalidad esté en piedra.

Recuerde, el cerebro es maleable. No tenemos que ser prisioneros de nuestros patrones de pensamiento, y nuestros pensamientos no tienen que controlarnos. La clave para superar un sesgo negativo, en el que tiendes a tener una visión más pesimista, cansada y desesperada de la vida, es la atención plena.

Ser consciente no necesariamente tiene que implicar meditación, yoga o cualquier tipo de práctica de "nueva era". La meditación y el yoga son geniales, no me malinterpreten, pero no es necesario que ninguno de ellos se vuelva consciente y consciente de sus pensamientos. En su lugar, debe hacer un esfuerzo para analizar la forma en que piensa en un momento dado y ver sus pensamientos y emociones con cierto desapego.

También debe analizar detenidamente su perspectiva del mundo y su vida. Identifique las áreas en las que sus pensamientos son más negativos e intente abordar estos pensamientos de manera objetiva. Pregúntese, ¿está realmente justificada la negatividad? Practique esto activamente, durante todo el día. Si captas sus pensamientos virando hacia la negatividad, sé consciente de esto y detente. ¿Estoy exagerando ante algo? ¿Me estoy acercando a esto con un sesgo innecesariamente negativo? ¿Es esto realmente tan malo como lo estoy haciendo?

Cuanto más se concentre en sus pensamientos, los vea objetivamente y separe estos pensamientos de usted mismo, más fácilmente le llegará la atención.

Parte de la atención plena y el desarrollo de una mentalidad fuerte y positiva implica centrarse en lo positivo. Es posible que no desee verlo, especialmente si está acostumbrado a pensar negativamente, pero si se entrena para hacerlo, podrá encontrar algo positivo en cada desafío al que se enfrente, incluso cuando ocurra una catástrofe.

Además, no se detenga en las cosas. La capacidad de enfocarse en el presente y el futuro en lugar de detenerse en lo que ya sucedió es a menudo un factor clave que diferencia a aquellos con una mentalidad positiva de aquellos con una negativa. Si sigue desenterrando el pasado, nunca podrá seguir adelante, necesita cortar el peso que lo está reteniendo.

La paciencia y la aceptación son dos virtudes muy importantes cuando se trata de cultivar una mentalidad fuerte y positiva. Debido a que está en esto a largo plazo, la paciencia es muy importante. Cuando trabaja para ser paciente y acepta que las cosas no sucederán de la noche a la mañana, se prepara para ser más perseverante, y se hace más fácil concentrarse en los pequeños pasos que está tomando constantemente para eventualmente llevarlo a la montaña. La aceptación de cosas que no puede cambiar y los factores que están fuera de su control también es importante; esto le permite desarrollar resistencia mental y hace maravillas con su fuerza de voluntad.

Frente a los lobos

Miedo. Todos lo hemos sentido de alguna otra forma y, a menudo, rige nuestras acciones o, como puede ser, nuestra falta de acción. Cuando se trata de construir una mentalidad fuerte y positiva y desarrollar fortaleza mental y resiliencia, el miedo es a menudo uno de los mayores obstáculos que debemos superar. Sin embargo, a pesar de ser un obstáculo alto y ancho como a menudo parece, cualquiera puede superar el miedo.

Antes que nada, permítanme decir que hay una diferencia entre superar el miedo y ser insensato. El miedo fue muy útil para los humanos durante gran parte de nuestra evolución; evitó que los leones nos comieran o que cayéramos a la muerte desde los altos acantilados. Y superar el miedo no significa literalmente arriesgar su vida, como tomar el salto de base o bucear en un acantilado como pasatiempo. El miedo del que estoy hablando es un tipo de miedo más penetrante e insidioso que es exclusivo de la vida moderna, no del tipo que hace girar la cabeza y las palmas de las manos cuando miras por encima del borde de un balcón de veinte pisos.

De lo que estoy hablando es del miedo al fracaso. El miedo a un futuro incierto. El miedo a que la gente lo juzgue porque se está desviando del camino que la sociedad espera que tome. El miedo a decepcionar a su familia. El miedo a perder dinero o dejar caer algunos peldaños en la escala social.

Estos temores nos mantienen atrapados en un solo lugar y nos impiden tomar medidas. Estos son los tipos de temores que nos mantienen haciendo trabajos que odiamos, porque tenemos miedo de perder esa seguridad y familiaridad, por mucho que la detestamos. Estos temores nos impiden probar cosas diferentes, nos impiden emprender nuevos caminos para alcanzar nuevas metas, porque preferimos sacrificar nuestra salud, inspiración y energía por trabajos y situaciones que nos agotan a cambio de una gran paga y comodidad financiera.

Una razón por la que a menudo permitimos que el miedo, en lugar de una precaución saludable y razonable, domine nuestras elecciones es porque nos enfocamos en el peor resultado posible. Un ejemplo es el hombre atrapado en un trabajo lucrativo pero poco inspirador que odia. Sueñe con cambiar a una carrera completamente diferente, pero se convence a sí mismo de que si intenta esto, terminará sin dinero y sin hogar, viviendo en la calle, un completo fracaso.

De hecho, un resultado tan drástico es extremadamente improbable; si realmente dio su mejor oportunidad a una carrera completamente nueva, pero finalmente fracasó, lo más probable es que pueda conseguir otro trabajo en su campo anterior, aunque con un pequeño recorte salarial. Habría perdido algo de tiempo y dinero, pero muy probablemente no habría terminado viviendo en una caja de cartón en un callejón, comiendo de los cubos de basura.

¿Y qué hay del reverso de esa moneda? Existe una buena posibilidad de que si él fuera un apasionado de su nueva carrera y dedicara el tiempo y el esfuerzo necesarios, podría haber tenido éxito. Luego se encontraría haciendo el trabajo de sus sueños y logrando una meta que nunca hubiera creído posible. Cuando deja que el miedo gobierne sus acciones, priva a su yo futuro de la mayor alegría y satisfacción que podría haber tenido. Permitir que el miedo tome sus decisiones también le impide considerar profundamente el costo de no tomar medidas para hacer realidad sus sueños: si nunca aprovecha esa oportunidad, si nunca hace ese cambio, tiene la garantía de vivir una vida de arrepentimiento, insatisfacción y trabajo pesado. ¿No es peor que darle una oportunidad real a algo, incluso si termina fallando? Recuerde, la precaución es saludable, pero el miedo puede ser realmente paralizante.

Lidiando con los contratiempos

¿Sabía que los primeros doce editores a los que J.K. Rowling intentó vender a Harry Potter optaron por rechazarla? El hecho de que siguiera intentándolo después de los primeros cinco o seis rechazos es testimonio de una tremenda resistencia y determinación de su parte; la mayoría de las personas probablemente habrían renunciado a su sueño después del segundo o tercer rechazo. Aunque doce editoriales pensaron que el libro sería un fracaso y nunca se vendería, J.K Rowling creía en sí misma. Sabía que había escrito una gran historia, y no estaba dispuesta a rendirse. Estaba decidida a seguir intentándolo hasta que alguien finalmente viera el mérito de lo que había hecho. Y mira dónde está ahora: uno de los autores más exitosos del mundo, con Harry Potter como un nombre familiar.

El fracaso y los contratiempos son parte integrante del trabajo hacia un objetivo a largo plazo. La diferencia entre aquellos que finalmente tienen éxito y los que tiran la toalla (a menudo demasiado pronto) radica en la capacidad de aprender del fracaso y ser resistente frente a los contratiempos.

Cuando encuentre un revés u obstáculo en su camino, no se asuste. De hecho, desde el comienzo de su viaje, debe seguir recordándose a sí mismo que habrá contratiempos, obstáculos y fallas en el camino. Con esta mentalidad, estará mejor equipado para lidiar con ellos cuando sucedan.

Como he dicho antes, sea compasivo con usted mismo. Demasiadas personas toman los contratiempos y los obstáculos demasiado personalmente, o creen que el fracaso se debe únicamente a su propia ineptitud o defectos. Sin embargo, con mucha más frecuencia, las fallas o los contratiempos se producen debido a factores externos completamente fuera de nuestro propio control, y cuando reconocemos esto, en lugar de internalizar la falla o el retroceso, podemos aceptar la falla o el retroceso, llegar a un plan para navegar a su alrededor, o levantarnos, desempolvarnos y seguir adelante.

Tratar las fallas y los obstáculos como sucesos esperados y desastres que no lo consumen todo nos permite tratarlos como experiencias de aprendizaje valiosas. ¡Imagínese si los hermanos Wright se hubieran rendido cuando sus primeros prototipos de avión se estrellaron! Todavía estaríamos cruzando el Atlántico en barcos. En cambio, debemos ser como esos pioneros del vuelo motorizado: tratar cada falla como una experiencia de aprendizaje y seguir adelante con el nuevo conocimiento que la falla le proporcionó. Lo mismo vale para la crítica; no lo tome como algo personal, trátelo como algo que lo ayudará a crecer y desarrollarse. De esta manera, podrá desarrollar una increíble fortaleza mental y resistencia.

CAPÍTULO SIETE - LO MEJOR DE LA ATENCIÓN PLENA

¿Qué es la atención plena?

Ya he tocado el concepto de atención plena, pero en esta sección, voy a explorar el concepto con un poco más de profundidad. Ya sabe que la atención plena se trata de estar presente en cualquier situación dada, y se trata de poder observar sus emociones con cierto desapego. La atención plena se trata de ser consciente de lo que está haciendo, lo que está sintiendo, las emociones que está experimentando, así como lo que lo está haciendo sentir estas emociones.

Todos sabemos que podemos convertirnos en prisioneros de nuestros pensamientos; Los pensamientos negativos obsesivos y recurrentes a menudo pueden atraparnos y atraparnos en una trampa de inacción, evitando que avancemos. Una mente que está abarrotada de demasiados pensamientos en conflicto, todos chocando como autos de choque fuera de control en una pista, es el enemigo del enfoque, la productividad, la perseverancia y el progreso.

La atención plena, estar total y completamente presente en el momento, también implica un dominio del enfoque. Es ser capaz de sumergirse por completo en cualquier tarea que esté tratando de completar, inmune a las distracciones o una pérdida de concentración.

¿Cómo entonces nos volvemos más conscientes? La atención plena no es igual a la meditación, pero la meditación y la atención plena van de la mano. Piénselo de esta manera: la atención plena es una nueva forma de pensar, un cambio completo de sus hábitos generales y su enfoque de la vida. La meditación es una herramienta que puede usar para fortalecer su dominio de la atención plena.

La meditación, si no está familiarizado con el término, no es una especie de ritual oriental místico practicado por los monjes zen en los templos de montaña. Puede haber tenido sus raíces en las prácticas de los místicos, pero ahora la meditación es una práctica global, algo que puede encontrar en todas partes, desde entornos corporativos y oficinas legales hasta clubes deportivos profesionales, estudios de yoga y retiros de bienestar. Puede buscar en Google Play o Apple IStore y encontrar muchas aplicaciones para enseñarlo y guiarlo en la práctica de la meditación.

Dije anteriormente que la meditación no es estrictamente necesaria para cultivar la atención plena, y esto es cierto si ya puede concentrarse profundamente en algún tipo de tarea o actividad.

Eso en sí mismo es una forma de meditación, pero si no tiene la capacidad de sumergirse en una tarea, sea lo que sea, entonces la meditación es un gran método de entrenamiento para comenzar a meterse en ese tipo de espacio mental.

Puede intentar una forma muy básica de meditación haciendo lo siguiente: Encuentre un espacio tranquilo sin distracciones o con mínimas distracciones. Use algo cómodo y tenga un cronómetro o algo para usar como temporizador. Tenga un cojín en el piso o algo suave para sentarse. Tome asiento, con las piernas cruzadas y los brazos apoyados sobre las piernas. Puede cerrar los ojos o mantenerlos abiertos, pero a la mayoría de las personas les resulta más fácil hacerlo cerrando los ojos. Ahora está listo para comenzar.

Despeje su mente del desorden y simplemente concéntrese en dónde está ahora. Concéntrese en cómo se siente su cuerpo. Sus pensamientos comenzarán a vagar; esto es natural. No busca un estado de nirvana similar al Zen aquí. Simplemente tenga en cuenta que sus pensamientos están divagando y haga todo lo posible para devolverlos al presente. Ayuda a concentrarse en su respiración; manténgalo lento, constante y profundo, enfocándose en mantener un ritmo.

Intenta hacer esto durante cinco minutos, enfocándote siempre en estar presente. Una vez que haya pasado ese tiempo, puede levantarse y continuar con su día, pero mantenga su experiencia de meditación en su cabeza mientras lo hace.

Consejos que lo ayudarán a ser consciente

Como dije, la meditación no es la única forma en que podemos volvernos más conscientes. Hay otras formas en que podemos desarrollar la atención plena en nuestra vida diaria, y en esta sección, le daré algunos consejos sobre cómo lograrlo.

El primer consejo es prestar atención a lo que está consumiendo. No me refiero a alimentos, bebidas y otras sustancias, aunque también es bueno tener en cuenta esto, porque cosas como la cafeína, el azúcar, el alcohol y la nicotina tienen un efecto perjudicial en el enfoque, la concentración y la atención plena. Estoy hablando de los medios que consumes. ¿está leyendo muchas publicaciones de redes sociales con opiniones? ¿Noticias sensacionalistas? ¿Videos agravantes? Si es así, estas cosas van a interferir con sus emociones y le restarán valor a su capacidad para concentrarse en el presente y concentrarse en lo que es importante.

El siguiente consejo es observar a su crítico interno. Todos tenemos una voz en la cabeza que nos dice que lo que estamos haciendo no es lo suficientemente bueno, que es inútil y otras cosas negativas. A menudo esta voz es impulsada por el miedo. Cuando podemos silenciar esta voz, o al menos suavizar muchas de sus críticas injustificadas, podemos volvernos más conscientes.

La multitarea a menudo se glorifica, pero la verdad es que tratar de hacer demasiadas cosas a la vez nos impide centrarnos intensamente en una sola cosa. En cambio, fractura nuestro enfoque. Si quiere hacer algo bien, concéntrese en hacer solo eso. Saltar de una tarea a otra y tratar de hacer malabares con una docena de cosas diferentes a la vez no es propicio para la atención plena.

Eliminar las distracciones es otro consejo que te permitirá ser más consciente en su vida cotidiana. Esto es particularmente aplicable cuando se trata de una tarea que está haciendo, ya sea un proyecto de trabajo, un pasatiempo, un idioma que está aprendiendo o un entrenamiento que está haciendo. Cuantas menos distracciones tenga a su alrededor, más fácil será estar presente e inmerso en lo que está haciendo. Coloque su teléfono en otra habitación o póngalo en modo avión. Asegúrase de que no haya televisores u otras pantallas que puedan distraerse.

Luego, mientras la atención plena nos anima a ver nuestras emociones con desapego, esto no significa que debamos suprimirlas. La atención plena no se trata de reprimir nuestras emociones y convertirnos en un robot. Se trata simplemente de no permitir que las emociones dicten nuestras acciones. Entonces, si se encuentra sintiendo una emoción negativa, reconozca esa emoción y mírela con desapego. Dígase a sí mismo, "Me siento enojado ahora", cuando surge tal emoción. Cuanto más frecuentemente practique hacer esto, más rápido pasarán estas emociones negativas.

Mantenerse consciente durante el peor de los tiempos

El concepto de cosas que pasan me lleva a la siguiente sección de este capítulo. Recuerde el viejo adagio, "esto también pasará". Es un concepto valioso a tener en cuenta cuando trabaja para ser consciente. Cuando la crisis golpea, y sucederá, le sucede a todos, si se recuerda que, por muy malo que parezca en el momento, pasará, podrá superarlo con mucha más calma y control que alguien que cede al pánico.

Esto se relaciona con otro consejo acerca de ser consciente: no haga montañas de lágrimas. Mantenga todo en perspectiva. Convertir un revés menor en un desastre no es cómo alguien que ha dominado la atención plena maneja una situación difícil. En cambio, la persona consciente es capaz de ver los retrocesos y obstáculos menores como tales, no como catástrofes. Cuando ve estas cosas con desapego y espera obstáculos y contratiempos en su camino, se vuelven mucho más fáciles de manejar.

Por supuesto, mucho de lo que acabo de decir es más fácil decirlo que hacerlo. ¿Cómo se mantiene calmado y desapegado cuando acaba de recibir una llamada telefónica que dice que un amigo o pariente cercano ha sufrido un ataque cardíaco o un accidente automovilístico grave? ¿Cómo puede estar tranquilo y atento si su jefe lo lleva a un lado y l dice, de la nada, que lo han despedido? En tales situaciones, es extremadamente difícil mantener la calma y no colapsar en pánico. Sin embargo, incluso cuando se siente como si su mundo acabara de cambiar, la atención plena puede ayudarlo.

En situaciones de estrés extremo, como los ejemplos que he dado anteriormente, su cuerpo reaccionará de formas que no puede controlar. Es probable que su pulso comience a acelerarse, se sentirá desorientado y confundido, su boca se sentirá seca y puede sentir que está a punto de desmayarse. En tales situaciones, el acto de respirar puede hacer maravillas para traer un poco de calma a su cuerpo y mente.

Una técnica simple pero poderosa que puede usar cuando siente pánico y el miedo aumenta en usted es la respiración de caja. ¿Por qué se llama "respiración de caja"? Tiene este nombre porque se centra en un principio de cuatro patas, y una caja o un cuadrado tiene cuatro lados, y debe contar hasta cuatro para cada uno de estos cuatro pasos. Lo que debe hacer para "respirar en caja" es respirar profundamente durante cuatro segundos. Luego contenga la respiración en sus pulmones durante cuatro segundos. Exhale lentamente por cuatro segundos. Por último, cuente hasta cuatro sin aliento en los pulmones. Luego, vuelva al paso uno y siga repitiendo estos cuatro pasos hasta que se sienta tranquilo y en control de su cuerpo y sus emociones. Esta técnica puede sonar muy básica, pero es poderosa, ¡realmente funciona! Pruébelo la próxima vez que sienta una oleada de emociones negativas.

Cosechando los beneficios de la atención plena

Cuando comience a dominar el arte de ser consciente, descubrirá que no solo es capaz de concentrarse más profundamente en lo que sea que esté haciendo, también encontrará que experimenta emociones negativas y pensamientos negativos con mucha menos frecuencia. En general, se convertirá en una persona más tranquila, alguien que siempre tiene el control de sus pensamientos y emociones. Descubrirá que puede hacer frente a contratiempos y obstáculos con una facilidad mucho mayor de lo que lo habría hecho anteriormente, y podrá navegar en situaciones de crisis con calma y eficacia. Descubrirá que no solo aumentará su productividad, sino que también aumentará la calidad de su trabajo. Y, como usted tiene más control sobre sus emociones que sus emociones que lo controlan, descubrirá que sus relaciones con los demás, ya sea su pareja romántica, sus amigos, sus hijos o su familia, mejorarán enormemente. En resumen, dominar el arte de la atención plena le permitirá cosechar una gran cantidad de beneficios en todas las áreas de su vida.

CAPÍTULO OCHO: CONQUISTANDO SUS METAS

Por qué funciona el establecimiento de objetivos

¿Cómo definimos el éxito? Obviamente, cada individuo tiene una idea diferente de lo que significa el éxito para ellos, pero un hilo común que atraviesa todas las definiciones de éxito, sin importar quién sea, es lograr sus objetivos. La cuestión es que, para lograr su objetivo, a menudo tiene que establecer un objetivo en primer lugar, y muchas personas simplemente no lo hacen. Tienen una vaga idea de querer ser más saludables, más ricos, tener mejores relaciones, tal vez viajar a algún lugar o aprender nuevas habilidades, pero todas estas cosas son nebulosas y están mal definidas.

El hecho de que necesites establecer un objetivo claro para lograr ese objetivo puede parecer ridículamente básico, pero no creería cuántas personas pasan por alto esto por completo. Como he dicho algunas veces, un objetivo vago no es suficiente. Imagine que se sube a un avión para irse de vacaciones a Tokio, Japón. El avión despega lo suficientemente suave, pero cuando ha estado en el aire durante media hora, el piloto hace un anuncio diciendo que no tiene las coordenadas exactas del aeropuerto de Tokio, ni siquiera sabe qué tan lejos está, pero tiene una idea aproximada de que son unos pocos miles de kilómetros, está más o menos al este de aquí, y espera que el avión llegue allí de una sola pieza.

Creo que es seguro decir que cada pasajero en ese avión estaría, en ese punto, en pánico, temiendo por sus vidas y rogándole al piloto que se diera la vuelta y aterrizara el avión. Usted es el piloto a cargo de su vida, y si no ingresa algunas coordenadas bastante exactas y tiene una buena idea de cuán lejos está su destino y cuánto tiempo le llevará llegar allí, lo más probable es que vaya terminar estrellándose y ardiendo antes de llegar a algún lugar cerca de algún tipo de destino.

Tener un objetivo no solo le da claridad en términos de dónde se ve a usted mismo en el futuro, sino que también le permite desarrollar una estrategia en términos de cómo pretende alcanzar ese objetivo. También es de gran ayuda en términos de motivación para armar un plan y seguir con ese plan. Decir "Quiero correr un maratón completo en un año" significa que es probable que se conecte a Internet, encuentre un programa de entrenamiento detallado elaborado por un experto en carreras y lo mantenga hasta que, dentro de un año, corra ese maratón. Sin embargo, si simplemente dice "Quiero ponerme en forma", lo más probable es que no busque ningún programa específico, proponga ningún tipo de estrategia o se adhiera a los vagos planes que haga durante mucho tiempo. Establecer objetivos extremadamente claros, por lo tanto, es un primer paso muy poderoso y efectivo para alcanzar el éxito.

Permanecer realista en el establecimiento de objetivos

Si bien tener una meta clara es una necesidad absoluta en términos de mejorarse, dominar la autodisciplina y apegarse a sus planes, un punto importante a tener en cuenta es que las metas que establezca deben ser realistas. Una cosa es decir que usted, como corredor novato, tiene la intención de correr un maratón después de un año de entrenamiento. Eso es lo suficientemente realista. Sin embargo, si declara que su objetivo es ser un atleta de nivel olímpico en un año, ganando competiciones internacionales, entonces no va a tener éxito.

Un acrónimo útil cuando se trata de establecer objetivos es SMART (En inglés). Tenga en cuenta esta frase cuando establezca sus objetivos. ¿Pero qué significa? Repasemos las letras una por una.

S significa específico en español. Ya hemos cubierto esto en detalle; asegúrese de que su objetivo sea lo más claro y específico posible.

M significa mensurable en español. Esto significa que cualquiera que sea el objetivo que establezcamos, deberíamos ser capaces de dar pasos medibles para lograrlo. Seguir con la metáfora de la carrera, un objetivo medible, en términos de poder correr un maratón después de un año, sería medir la distancia que puede correr cada semana. Semana uno, hace dos millas. Semana dos, tres millas, y así sucesivamente. Cuando puede realizar un seguimiento de su progreso de esta manera, seguirlo y mejorar es mucho más fácil.

A significa alcanzable en español. Antes de salir a correr una maratón después de un año de entrenamiento, asegúrese de que sea algo que realmente pueda hacer. ¿Tiene algún problema de movilidad física que le impida correr en primer lugar? ¿tiene tiempo para comprometerse con tres carreras largas a la semana?

R significa realista en español. Nuevamente, esta es la diferencia entre decir que quiere correr un maratón después de un año o pensar que será un atleta de élite olímpico después de un año. Asegúrese de que sus objetivos sean realmente alcanzables, de lo contrario se está preparando para la decepción.

T significa oportunamente en español: establecer una fecha límite en la que desea alcanzar su objetivo. Esta es la diferencia clave entre decir "Quiero correr un maratón" y "Quiero correr un maratón dentro de un año". Es probable que la primera declaración, sin una fecha límite, termine desvaneciéndose, sin ninguna estrategia o dirección clara involucrada. Sin embargo, este último le pedirá que tome medidas reales y desarrolle una estrategia sólida para trabajar y alcanzar su objetivo.

Lista corta versus lista larga

Ahora que comprende más sobre la importancia de establecer objetivos, echemos un vistazo a los diferentes tipos de objetivos. Comprender las diferencias entre varios tipos de objetivos hará que sea más fácil para usted establecerlos y alcanzarlos.

En la parte superior de la lista de objetivos a largo plazo está el objetivo de visión final: dónde y quién se imagina dentro de veinticinco años. Se pueden establecer otros objetivos de visión, en otras palabras, visiones de un usted exitoso en el futuro, por períodos más cortos; dentro de diez años, dentro de cinco años, dentro de dos años. También pueden incluir cosas que desea lograr en un cierto punto a largo plazo en el futuro. Tal vez desee estar libre de deudas dentro de diez años. Tal vez quiera ser millonario en veinte años. Puede ser que desee haber viajado por todos los continentes de nuestro planeta cuando tenga sesenta años. Tal vez quiera ir a la universidad y graduarse con una maestría en siete años. O tal vez quiera haber escalado el Monte Everest para cuando tenga cincuenta. Cualquier cosa como esta es una meta de visión.

A continuación, tenemos objetivos de acción. Estos son los pasos que debe seguir para lograr esa visión. Como su nombre indica, son acciones que puede tomar que lo llevan por un camino claro hacia el logro de ese objetivo. En general, son medibles y definidos por plazos; por ejemplo, si escalar el Everest en diez años es su objetivo de visión, entonces los objetivos de acción hacia él serían algo así como alcanzar un pico de tres mil metros para fines de este año, escalar el Monte Kilimanjaro dentro de tres años, caminar al menos diez kilómetros cada fin de semana, acumulando ese número lenta pero seguramente.

Bajo el paraguas de los objetivos de acción están las acciones a corto plazo y las acciones a largo plazo. Las acciones a largo plazo son aquellas que hacemos regularmente, que se convierten en hábitos. Siguiendo con la metáfora del alpinismo, estas serían cosas como caminar una cierta distancia todos los fines de semana, fijar fechas para alcanzar picos de montañas específicos y aumentar constantemente sus niveles de fuerza, estado físico y resistencia durante un largo período.

Las acciones a corto plazo serían cosas como comprar un par de botas de montaña de buena calidad, comprar una mochila de senderismo adecuada y otras cosas similares. A menudo, estas son acciones de una sola vez que lo ayudan a comenzar un camino.

Su tablero de visión

Ahora sabemos cuáles son los objetivos de visión, pero ¿qué es un tablero de visión? Es literalmente, un tablero físico, sobre el cual construye una representación visual de sus objetivos. Luego colocaría este tablero de visión en un lugar prominente, donde lo vería todos los días. Puede tener imágenes del futuro que espera tener, citas inspiradoras, cifras y números que indiquen una meta financiera, o tal vez una hermosa casa que le gustaría tener algún día.

Si la idea de un tablero de visión suena un poco cursi, considere esto. Supongamos que tiene un objetivo a largo plazo de perder cincuenta libras y convertir su flacidez en músculo. ¿Cree que estará más motivado para tomar las acciones diarias necesarias para llegar allí si tiene una imagen clara y literal de un cuerpo musculoso y tonificado para mirar todos los días y recordarle a dónde quiere llegar?, o si no tiene visión en mente, no tiene recordatorio visual, ¿solo una idea vaga?

Los paneles de visión pueden ser herramientas extremadamente poderosas cuando se trata de motivación y poner planes en acción concreta. Los seres humanos son criaturas visuales, y mirar algo específico cada día nos hace maravillas mental y fisiológicamente cuando se trata de motivación y consistencia.

Tal vez no le guste "recortar libros" y cortar cosas para pegarlas en un gran cuaderno. ¿No hay aplicaciones disponibles para teléfonos y tabletas que le permitan crear un tablero de visión digital? Por supuesto que hay; hay aplicaciones para casi cualquier cosa en estos días. Sin embargo, diría que un tablero de visión física es una herramienta más eficaz para la motivación y la acción que uno digital.

En primer lugar, si coloca una placa física en su escritorio, tiene la garantía de verla todos los días y es probable que la vea varias veces al día. Con uno digital, es muy posible que olvide comprobarlo. Además, si tiene que usar su teléfono o tableta para mirarlo, siempre existe la tentación de usar su dispositivo electrónico para dilaciones y distracciones. Puede abrir su aplicación de tablero de visión para motivarse, pero luego de media hora más tarde descubrirá que de alguna manera se desvió del tablero de visión a Facebook.

Para crear un tablero de visión efectivo, reúna varias palabras, figuras, imágenes y citas que se relacionen con sus objetivos a largo plazo y sus visiones a largo plazo. Ponga todo esto en un collage y coloque su tablero de visión en un lugar prominente, donde le dará un impulso diario de motivación y garantizará que trabaje de manera constante e incansable hacia sus objetivos.

Deje de planificar y realice esa tarea

He discutido extensamente por qué la planificación es importante, pero también debo señalar que demasiada planificación puede ser tan mala como ninguna planificación. De hecho, la planificación excesiva puede ser una mala forma de procrastinación.

Recuerde, cuando se trata de alcanzar sus objetivos, actuar es lo mejor. Los planes claros son importantes, pero cuando se encuentra pasando días o semanas planeando sin hacer nada que lo haga avanzar y progresando hacia el logro de sus objetivos, sabe que tiene un problema con la planificación excesiva.

¿Por qué la gente sobre plan de todos modos? Hay unas pocas razones. Uno, como he mencionado antes, es el miedo. Puede ser el miedo del perfeccionista que sus acciones no sean perfectas, y no alcanzarán los objetivos poco realistas que se han fijado. O podría ser el miedo general al fracaso. También puede ser pereza general; falta el impulso necesario para dar ese primer paso y poner excusas para no hacerlo porque el "plan no está listo".

Para evitar una planificación excesiva, debe anotar cuidadosamente cómo está utilizando su tiempo. Asegúrese de tener planes claros, pero si descubre que pasa más tiempo ajustando o adaptando sus planes existentes sin cesar, debe retroceder y preguntarse si está haciendo el mejor uso de su tiempo y energía. Los plazos son excelentes para esto, ya que está dividiendo tareas aparentemente importantes en trozos más pequeños y manejables. Recuerde que los planes son importantes, pero lo más importante es tomar medidas.

CAPÍTULO NUEVE: DEL CERO A LA META FINAL

Las cosas más valiosas en su vida

Ahora que hemos eliminado gran parte de los "cómo", quiero ver algunos de los "porqués". Ya hablé en un capítulo anterior sobre las prioridades, y lo importante que es para sus objetivos ordenar sus prioridades. Sin embargo, ¿cómo decidimos lo que es importante para nosotros? ¿Y qué es más importante en la vida que ganar y ahorrar dinero? Después de todo, el dinero (o la falta de él) suele ser el resultado final cuando se trata de la mayoría de las cosas en la vida, ¿verdad?

Algunas cosas, sí, pero no todas, y a menudo, en absoluto cuando se trata de las cosas más importantes. Decidir qué es lo más importante para usted es obviamente un asunto profundamente personal que variará mucho de persona a persona. Sin embargo, hay ciertas cosas comunes a todas las personas que, en última instancia, son más importantes que el dinero.

Mencioné anteriormente que una cosa que usted y Bill Gates tienen una cantidad absolutamente igual de horas es en el día. El tiempo es la posesión más preciada de cada individuo, y cuando pierde el tiempo que se le da, nunca se puede volver a comprar, sin importar cuán rico sea. Una vez que ha perdido el tiempo, se ha ido para siempre. ¿Cuánto tiempo valioso ha perdido haciendo cosas sin sentido? ¿Seguirá desperdiciando este producto increíblemente precioso a medida que avanza?

El estar conectado al tiempo es otra cosa de la que muchas personas solo se dan cuenta del verdadero valor de una vez que se ha ido: la salud. Si puede caminar y moverse normalmente, y puede pasar la mayoría de los días sin dolor debilitante, tiene mucho por lo que estar agradecido. Sin embargo, a pesar de que muchos de nosotros tenemos la suerte de nacer sin afecciones de salud subyacentes, desperdiciamos esta bendición al vivir estilos de vida poco saludables (comer comida chatarra, fumar, ser sedentarios, no hacer ejercicio) y de esta manera arruinamos nuestra salud mucho antes que los viejos. La edad comienza a hacer eso. Sin embargo, cuando cuida activamente su salud, no solo se ve y se siente mejor, sino que se vuelve más motivado, más productivo, más atractivo y gasta menos dinero en seguros médicos y visitas al médico.

La familia y los amigos también son extremadamente importantes para la mayoría de las personas. Los humanos son criaturas sociales, y necesitamos vínculos estrechos para sentirnos emocionalmente realizados. Ya sea que forjemos estos lazos con nuestros familiares inmediatos, nuestros socios románticos, amigos cercanos o parientes, vale la pena mantenerlos, no solo por nuestra salud física, emocional y mental, sino porque nosotros mismos traemos alegría y luz a las vidas de todos los cercanos. a nosotros cuando vivimos nuestras mejores vidas; es un hermoso ejemplo de reciprocidad en acción.

Esto me lleva a la comunidad. Esto es extremadamente importante también. Más allá de los lazos que compartimos con familiares, parientes y amigos cercanos está nuestra relación con nuestra comunidad. La comunidad puede ser muchas cosas; pueden ser sus vecinos, personas en su pueblo o ciudad, o miembros de un grupo social al que pertenece, o las personas con las que trabaja. Cuando retribuye a esta comunidad y se convierte en una parte generosa y afectuosa, las recompensas que cosecha en términos emocionales, mentales y físicos son inmensas.

Finalmente, hay pasión. Esto puede significar muchas cosas, y obviamente significa algo diferente para todos, pero vivir sin eso puede hacer que la vida parezca aburrida y sin sentido. Encuentre lo que le apasiona: puede ser un nuevo interés o algo para toda la vida, pero sea lo que sea, asegúrese de incluir su pasión en su visión a largo plazo. Vivir sin pasión y trabajar hacia una meta que no está conectada con algo que lo apasiona puede hacer un viaje aburrido y poco gratificante por la vida.

Ramificación y comprensión de por qué es importante

¿Cómo se relaciona el concepto de ramificación con el establecimiento de objetivos y el trabajo hacia ellos? Como acabamos de repasar las cosas más valiosas en su vida, ahora podemos ver cómo vincular nuestros objetivos a estas cosas importantes. Tener un objetivo de visión vinculado a una de las cosas más importantes para usted, personalmente, es su punto de partida para ramificarse.

Veamos un ejemplo. Digamos que ha decidido que la salud es lo más valioso en su vida. Su enfoque principal en la vida ahora es mantener y mejorar su salud. Imagínese como un árbol, con el tronco creciendo hacia arriba, como suelen hacerlo los árboles. Ese movimiento ascendente continuo, recto como una flecha, es su enfoque principal en su salud. Sin embargo, junto con este movimiento directo hacia arriba, crecen ramas. También alcanzan el cielo, pero también llenan el árbol y lo hacen más fuerte y más completo. Si su objetivo es la salud, y su enfoque principal está en eso, entonces estas ramas, que crecen tanto hacia arriba como hacia afuera, se ramifican, son pasos más pequeños que toma que lo llevan hacia su objetivo, mientras mantiene ese enfoque inquebrantable. Ramificarse en términos de un enfoque en la salud significa que incorporará una dieta saludable a su vida, alejándote de la comida chatarra. Comenzarás a hacer muchas más actividades al aire libre y deportivas en lugar de las sedentarias. Eliminará cosas como fumar y beber en exceso, y lentamente se encontrará eligiendo automáticamente una carrera o una caminata para mirar televisión o perder el tiempo en su teléfono.

Este concepto de ramificación ilustra la belleza del enfoque y el efecto positivo que puede tener en todas las áreas de su vida. Una vez que haya marcado su enfoque y se haya centrado en ese objetivo de visión a largo plazo, que, por supuesto, estará alineado con algo muy importante para usted, este enfoque comenzará a mejorar todas las áreas de su vida. Será más positivo y podrá resolver problemas más fácilmente. Podrá ignorar las distracciones y elegir actividades productivas y saludables en lugar de hábitos poco saludables y pérdida de tiempo. Trabajará de manera más efectiva y verá las tareas hasta su finalización en lugar de renunciar a la mitad. Encontrará que su fuerza de voluntad y autodisciplina también se fortalecen.

Siete formas efectivas de enfoque

Los beneficios de tener un enfoque poderoso en su vida son innumerables, pero ¿cómo se puede desarrollar este enfoque? Si bien puede parecer una tarea imposible para aquellos de nosotros con períodos de atención más cortos, hay una serie de métodos que podemos usar para mejorar nuestro enfoque. Los siguientes consejos son acerca de cómo mejorar su enfoque cuando se trata de completar una sola tarea, pero recuerde, el enfoque es como un músculo: cuanto más lo trabaja, más fuerte se vuelve. Mejorar su enfoque en un área de su vida tendrá efectos cruzados positivos en todo lo que haga y conducirá a que su enfoque general mejore drásticamente.

El primer consejo es asegurarse de que cualquier ambiente en el que vaya a trabajar sea cómodo y que esté vestido con ropa cómoda. Por ejemplo, si la silla de su escritorio le produce dolor de espalda o si su computadora está a una altura que le duele el cuello, ¡cambie estas cosas! Cuando está físicamente cómodo, es mucho más fácil concentrarse.

El siguiente consejo es eliminar las distracciones de su entorno. Si tiene la costumbre de poner su teléfono en su escritorio y levantarlo cada dos minutos para echar un vistazo rápido a través de las redes sociales, póngalo en otra habitación; Está destruyendo su capacidad de concentración. Del mismo modo, apague su WIFI cuando trabaje; si sigue revisando correos electrónicos o pausando el trabajo para navegar por la web, nunca desarrollará ningún tipo de enfoque profundo.

El tercer consejo puede sonar un poco obvio, pero a menudo se pasa por alto. Para concentrarse en hacer una tarea, necesita enfocar su mente. Saque de su cabeza los pensamientos distractores y caóticos y dirige Sus pensamientos únicamente a la tarea en la que está a punto de concentrarse.

Ahora que está en el espacio físico y mental adecuado, debe analizar la tarea en sí. Divídalo en trozos manejables. Asegúrese de haber ideado una estrategia efectiva para abordar la tarea antes de comenzar a involucrarse en ella.

El quinto consejo se refiere a los descansos. Los estudios han demostrado en repetidas ocasiones que aquellos que toman descansos cortos frecuentes durante una tarea pueden completarla más rápido y hacer un mejor trabajo en ella que aquellos que intentan completar todo de una sola vez. Cuando haya establecido una tarea que tomará algunas horas, asegúrese de tomar unos breves descansos para darle a su mente la oportunidad de descansar. Levántese y muévase durante estos descansos; no los use para hacer cosas que arruinarán su capacidad de atención, como revisar su teléfono o navegar por la web. En cambio, haga algunos estiramientos o realice una caminata corta y enérgica. Hacer que su cuerpo se mueva y su sangre fluya lo ayudará a concentrarse.

El sexto consejo es usar un temporizador. De hecho, hay un método llamado método Pomodoro, que se utiliza para mejorar el enfoque y aumentar la productividad mediante el uso de un temporizador. Establece un tiempo, tal vez cinco minutos, o diez, dependiendo de qué tan bueno sea su nivel actual de enfoque, y se compromete a enfocarse al 100% en su tarea desde el momento en que comienza a cronometrar hasta que suena la alarma. Esto ha demostrado ser una forma muy efectiva de aumentar el enfoque, especialmente cuando comienza a aumentar los períodos de enfoque.

Finalmente, practica la atención plena. Tenga en cuenta sus pensamientos y emociones, y cómo están afectando su enfoque. Ya he discutido la atención plena en detalle, por lo que no entraré en detalles, pero ser plenamente consciente de sus pensamientos, emociones y cómo se siente su cuerpo, y ser capaz de observar y reconocer estas cosas con desapego, será de gran ayuda para usted cuando se trata de mejorar su enfoque.

No deje que su enfoque vacile

¿Qué suele romper nuestro enfoque? Pueden ser distracciones externas, como un teléfono sonando o alguien tocando la puerta, pero a menudo se trata de nuestros propios pensamientos, que pueden ser propensos a deambular. Si bien los pensamientos errantes pueden ser molestos cuando intenta concentrarse, para algunas personas son tan extremos que su aluvión interminable de pensamientos (que generalmente son negativos) puede arruinar sus vidas y destruir cualquier posibilidad de tener éxito. Este tipo de pensamiento obsesivo negativo se llama pensar demasiado.

¿Cómo nos liberamos de los pensamientos distractores, especialmente cuando somos propensos a pensar demasiado? Si bien puede parecer una tarea insuperable, afortunadamente hay algunos métodos efectivos que podemos usar para detener el pensamiento excesivo.

Decirse a sí mismo que deje de pensar en algo negativo no es uno de estos métodos. Muchas personas intentan esto, pero descubren que se sienten aún más frustrados. En cambio, es mejor tratar de cambiar el enfoque del pensamiento en algo positivo. Por ejemplo, si está atrapado en un trabajo que no puede soportar, y reflexiona constantemente sobre esto, en su lugar, comience a enmarcar estos pensamientos de una manera más positiva, es decir, "No me gusta este trabajo, así que ahora es el perfecto oportunidad de aprender una nueva habilidad y hacer preparativos para cambiar de trabajo ".

Además, practicar poner las cosas en perspectiva es una excelente manera de lidiar con el pensamiento excesivo. Pregúntese, cuando un pensamiento negativo de temor aparece en su cabeza, "¿esto va a importar la próxima semana? ¿Va a importar en un año? Los pensamientos negativos a menudo se centran en lo que otras personas piensan de usted, pero cuando comienza a abordar este tema con un sentido de perspectiva más realista, se dará cuenta de que, en su mayoría, las personas están demasiado envueltas en sus propios mundos y preocupaciones para realmente estar pensando negativamente en usted.

Esta es otra situación en la que la atención plena es tremendamente útil. Cuanto más atento sea, más conectado estará con el presente, con dónde se encuentra y su entorno. Cuando comienza a ser más consciente y se compromete más con el presente, esa voz interior implacable comenzará a disminuir y se callará mucho más a menudo.

Puede fortalecer esto diciéndote a usted mismo "¡ALTO!" cada vez que los patrones de pensamiento negativos comienzan a distraerse de su enfoque. Esfuércese en estos momentos para respirar, para conectarse con el presente y estar consciente de dónde está y qué está haciendo. Al usar esta técnica, podrá aumentar constantemente su enfoque y cerrar el pensamiento excesivo.

Finalmente, debe recordar que un cuerpo sano significa una mente sana. Cuando hace ejercicio regularmente, encontrará que sus pensamientos son más claros y menos obsesivos. De hecho, incluso una sesión de entrenamiento difícil suele ser suficiente para despejar su mente del desorden mental cuando parece que sus pensamientos negativos se están desbocando. En el mismo sentido, comer sano y seguir un horario de sueño regular ayudará a que su enfoque sea fuerte y silenciará los patrones de pensamiento negativos.

CAPÍTULO DIEZ - AUTO DISCIPLINA EN EL CAMINO QUE ELIja

Cuando se enfrenta a un desafío

Si hay algo de lo que puede estar seguro al iniciar un nuevo camino en la vida es el hecho de que seguramente habrá una serie de obstáculos que deberá superar. Si tiene éxito o fracasa en la superación de un desafío, generalmente se reduce a cómo lo enfrenta. Cuando se enfrentan a una dificultad, muchas personas son propensas a huir de ella (en otras palabras, renunciar a su objetivo) o intentar enterrar sus cabezas en la arena, pretendiendo que el problema no está allí y esperando que desaparezca por sí mismo. Como puede imaginar, ninguno de estos enfoques es una forma efectiva de enfrentar los desafíos.

¿Cuál es la forma más efectiva de enfrentar un desafío que se te presente? La respuesta es simple, pero su aplicación puede ser difícil: debe enfrentar el desafío de frente, sin demora. Tales desafíos pueden presentarse de muchas formas, pero independientemente de cuáles sean o cuándo surjan, hay una serie de cosas que puede tener en cuenta que le permitirán superarlas.

Lo primero que debe recordar es que la vida es injusta y puede ser francamente cruel. Cuando acepta que por mucho que planifique algo, las cosas saldrán mal y que algunas cosas están fuera de su control, cuanto más preparado mentalmente estará cuando se le presente un desafío.

Nuevamente, poner las cosas en perspectiva puede ser muy útil en situaciones en las que parece haber ocurrido una catástrofe. Si retrocede y analiza el problema, sea lo que sea, a la luz del gran esquema de las cosas, a menudo verá que tal vez cualquier tipo de pánico o terror que haya experimentado haya sido una reacción exagerada, y es muy posible que encuentre que ha convertido una montaña en una colina.

Recuerde que cuando enfrenta un desafío particularmente difícil, no es la única persona en el mundo que ha enfrentado tal obstáculo; de hecho, muchos se han enfrentado a desafíos mucho mayores y están en la cima. Deje que este conocimiento sea una fuente de inspiración para usted cuando se trata de superar sus propios desafíos.

Otra forma útil de cambiar su perspectiva cuando se trata de desafíos es verlos como experiencias de aprendizaje en lugar de desastres; pregúntese cómo puede aprender y crecer al enfrentar este desafío en lugar de pensar en el daño que causará.

En una línea similar, no sea demasiado duro con usted mismo cuando tratas de enfrentar un desafío, pero enfrenta dificultades significativas. Primero, no sería un desafío si fuera fácil de superar, y segundo, fallar no es una forma de juicio, exponiendo sus supuestos defectos y debilidades. El fracaso es parte de la vida; todos, sin importar cuán exitosos sean en el presente, han fallado en algo, probablemente en varias cosas, en ese camino hacia el éxito. Recuerde que un fracaso es simplemente una oportunidad para reflexionar sobre dónde puede haberse equivocado, aprender y fortalecerse y crecer.

La perseverancia es clave aquí, y cuando comience a dominar el arte de la autodisciplina, encontrará que la perseverancia, incluso frente a desafíos serios, comenzará a ser cada vez más fácil para usted. A menudo, la única diferencia entre una persona que tiene éxito y una persona que finalmente falla, cuando ambos se enfrentan a un número igual de desafíos, se reduce a la persona que persevera. La perseverancia es un arma extremadamente poderosa, particularmente frente a desafíos difíciles. La paciencia es otra arma potente que va de la mano con la perseverancia; recuerda, Roma no fue construida en un día.

Sea disciplinado en su trabajo y carrera

Su trabajo y carrera son dos áreas en las que verá algunos beneficios y ventajas muy obvios cuando comience a desarrollar un fuerte sentido de autodisciplina y enfoque. Si tiene un trabajo exigente y trabaja en un lugar donde está rodeado de distracciones, ¿cómo puede desarrollar un fuerte sentido de concentración y autodisciplina?

Hay algunas formas de hacerlo incluso en los entornos más agitados. Los primeros pasos que puede tomar son eliminar todas las distracciones que pueda. Ponga su teléfono en modo avión, apague WIFI si no lo necesita, y solicite a sus colegas que tienen la costumbre de venir a conversar con usted que lo dejen solo unas horas.

Segundo, ¡organice! Si su espacio de trabajo es desordenado, es probable que sus pensamientos también lo sean. Asegúrese de que su escritorio (o donde sea que pase la mayor parte de su tiempo en el trabajo) esté organizado, sea cómodo y esté configurado para que pueda concentrarse.

Otro consejo relacionado con la organización es establecer un cronograma y priorizar sus tareas más importantes. Esto es lo que intentará quitar primero, cuando sus niveles de energía estén en su punto más alto. No intente realizar múltiples tareas; como he dicho antes, esto lleva a la distracción. Concéntrese solo en una cosa a la vez. Rómpalo en trozos pequeños si es necesario, pero asegúrese de hacerlo.

Manténgase hidratado bebiendo mucha agua y mantenga elevados sus niveles de energía al comer alimentos saludables durante todo el día. Asegúrese de comer un desayuno y almuerzo saludable también. En línea con esto, muévase; levántese de su escritorio para dar un corto paseo o hacer algunos estiramientos, también ayudará a su concentración.

No hace falta decir que fuera del trabajo, el ejercicio regular, una alimentación saludable y un horario de sueño regular harán maravillas para su productividad laboral. Si bien muchos de estos hábitos pueden ser difíciles de formar, la buena noticia es que cuanto más los practique, más fuerza de voluntad, concentración y autodisciplina tendrán. Después de unos meses o incluso semanas de aplicar estos consejos a su vida laboral, descubrirá que su productividad y enfoque estarán por las nubes.

¿Usted es un líder material?
Algunas personas creen que los líderes nacen de esa manera, y que solo sus genes determinan si usted es un líder o un seguidor. Esto, sin embargo, no siempre es el caso. Cuando comience a dominar el arte de la autodisciplina, verá que los beneficios que obtiene y las formas positivas en que cambia como persona se extenderán a todas las áreas de su vida, y es muy probable que lo consideren un líder.

Muchas cualidades de liderazgo y muchos de los beneficios que obtiene de una fuerte autodisciplina y un enfoque perfeccionado en realidad van de la mano. A medida que desarrolle su enfoque y su fuerza de voluntad, se encontrará más capacitado para ayudar a otros con sus problemas, y tendrá un mayor sentido de empatía por sus dificultades, con las que tal vez ha tenido problemas en el pasado. Esta es una cualidad de un gran líder.

Además, verá que puede ver el lado positivo cuando surgen problemas, y en lugar de entrar en pánico cuando las cosas van mal, como lo hacen tantas personas, podrá navegar con calma a través de situaciones difíciles, nuevamente, el signo de un líder fuerte.

También descubrirá que una persona más diligente y responsable, un resultado inevitable del fortalecimiento de su fuerza de voluntad y autodisciplina, será una fuente de inspiración para los demás. El mejor tipo de líder, según su propio ejemplo, inspira a otras personas a hacerlo mejor, y cuanto más domine la autodisciplina, más fácil será naturalmente hacer esto.

Mantenga su gasto con moderación

En este libro, he enfatizado varias veces lo importante que es un tiempo activo. Es probable que haya escuchado el cliché "el tiempo es dinero" varias veces antes, y quiero enfatizar cuán cierto es esto. Ahora, más que en cualquier otro momento de la historia, nos bombardean con anuncios para comprar cosas, principalmente cosas que no necesitamos en absoluto, y ofertas de crédito para financiar estas compras innecesarias. Las personas se ven endeudadas para financiar cosas que no necesitan y (por lo general se dan cuenta poco después de que el deleite inicial del comprador desaparece) no quieren. Pagan estas cosas innecesarias con su tiempo, porque luego necesitan usar más tiempo para ganar dinero para pagar deudas e intereses.

Muchas personas se quejan de que no ganan suficiente dinero para ahorrar o invertir, pero la verdad es que la mayoría de las personas pueden ahorrar e invertir algo de dinero cada mes, incluso si viven con un salario relativamente bajo. ¿Cómo se hace esto? La respuesta a esto es aplicar los principios que aprendió al desarrollar autodisciplina y atención plena en sus finanzas.

El proceso para volverse más consciente implica abordar cada decisión que tome con más cuidado, análisis y consideración, y eliminar actuar impulsivamente. Para emprender el camino hacia la libertad financiera y escapar de la trampa de la deuda, debe utilizar las habilidades que ha desarrollado en su cultivo de autodisciplina y atención plena y aplicarlas a la toma de decisiones financieras.

Primero, debe entender que comprar no es una curita emocional efectiva. Tampoco comprar objetos para llenar el vacío que sientes en su alma. Ambas cosas terminarán dañándote a la larga, al igual que fumar. Cuando se de cuenta de que los objetos materiales no pueden y nunca pueden brindarle verdadera satisfacción y satisfacción, podrá comenzar a tomar decisiones financieras más sabias.

Cuando se trata de ordenar sus finanzas, lo primero que debe hacer es resolver cualquier deuda que tenga. Pague sus deudas antes de endeudarse más. Aún mejor, pague todas sus deudas y luego no se endeude nuevamente. Revise todas sus posesiones y descubra cuáles son estrictamente necesarias. ¿Realmente necesita todas estas cosas? Eliminar el desorden de su casa también eliminará las distracciones y el desorden de su mente. ¡Venda o regale cosas que no necesita estrictamente, y no compre más cosas innecesarias para reemplazarlas!

Cuando se trata de una compra, especialmente una importante, debe detenerse y preguntarse si realmente necesita esto. ¿Lo está comprando porque es realmente necesario para su vida o porque cree que lo hará sentir bien? En general, una regla sensata para aplicar es que si no puede pagarlo en efectivo, no debe comprarlo. Obviamente, esto no se aplica a una compra de una vez en una década como una casa, pero incluso cuando se trata de compras grandes y supuestamente "necesarias" como automóviles, muchos de nosotros compramos vehículos nuevos cada año o segundo año sin realmente necesitar a, simplemente porque queremos crear una ilusión de prosperidad, mientras nos hundimos más en la deuda. Esto también es especialmente cierto para muchas compras impulsivas como artículos de moda, comida chatarra, baratijas y otras cosas inútiles. Sin embargo, incluso cuando se trata de hogares, muchos de nosotros elegimos vivir en casas más grandes de lo que necesitamos, y estamos más allá de nuestros medios para pagar. Si su alquiler o hipoteca le está quitando una gran cantidad de su salario mensual, es posible que deba reevaluar su situación de vida y considerar mudarse a un lugar más asequible.

Cuando aplica los principios que aprendió al desarrollar autodisciplina y fuerza de voluntad en sus finanzas, descubrirá que puede gastar menos y ahorrar más.

¿Tiene la disciplina adecuada para un negocio?

Ser propietario de un negocio propio y ser el propio jefe es uno de los primeros en la lista de objetivos a largo plazo para muchas personas. Sin embargo, muchas personas que siguen este camino y comienzan un negocio terminan fallando. ¿Por qué? La respuesta a menudo se reduce a la autodisciplina o, más bien, a la falta de ella.

Primero, antes de siquiera pensar en comenzar su propio negocio, necesita desarrollar su autodisciplina y fuerza de voluntad. Como he dicho muchas veces, estas cosas deben trabajarse diariamente, aumentando en incrementos constantes. Demasiadas personas se lanzan a iniciar un negocio sin haber realizado la investigación necesaria o sin haber desarrollado y perfeccionado las habilidades relevantes para ese negocio.

Hacer ambas cosas lleva tiempo, tiempo que probablemente tendrá que agregar a su rutina de trabajo actual de 9 a 5. Esto puede significar tomar clases nocturnas, o al menos estudiar solo durante unas horas cada noche. Hacer este trabajo adicional además de su trabajo habitual será difícil y agotador, pero si planifica adecuadamente y establece un cronograma para ello, de ninguna manera es imposible. Hacer esto también entrenará su fuerza de voluntad, autodisciplina y capacidad de concentración, incluso cuando esté cansado, porque realmente necesitará estas cosas cuando comience por su cuenta, cuando ya no tenga un jefe que respire sobre su cuello y lo obliga a hacer cosas a tiempo.

En segundo lugar, una vez que esté listo para dar ese paso, asegúrese de estar preparado para la responsabilidad que tendrá sobre sus hombros y las dificultades que tendrá por delante. Si ha realizado toda su investigación y capacitación, como sugerí, durante un período de algunas semanas, meses o incluso años, estará mejor preparado para ponerse en Marzoa por su cuenta. Se necesita una enorme cantidad de autodisciplina, motivación y fuerza de voluntad para cumplir con los plazos, completar las tareas a tiempo, trabajar duro y administrar su dinero por su cuenta. Muchas personas comienzan negocios sin haber fortalecido estas cosas, y esta es una de las principales razones por las que fracasan tantas empresas nuevas.

Otra razón por la que muchas empresas nuevas fracasan es el resultado de una organización deficiente. Sin autodisciplina, muchos nuevos dueños de negocios se sienten tentados a posponer tareas desagradables pero importantes, las que más necesitan hacer, y pasan mucho tiempo postergando en lugar de hacerlas primero. Si hay una tarea importante que debe realizar para su negocio, debe aprovechar su fuerza de voluntad y eliminarla primero, antes de hacer algo de menor importancia.

Entrar en un nuevo negocio con una planificación deficiente, la falta de fuerza de voluntad y la autodisciplina débil pueden ser una receta para el desastre. Sin embargo, si realiza una preparación e investigación adecuadas, entrena su autodisciplina y fuerza de voluntad y entra con la motivación y actitud correctas, obtendrá una gran ventaja sobre sus competidores y sus posibilidades de tener éxito como negocio. El dueño y maestro de su propio destino recibirá un enorme impulso.

CAPÍTULO ONCE - DISCIPLINA AUTOMÁTICA EN NUESTRA VIDA DIARIA

Nuestro entorno nos da forma, pero aún podemos elegir

Tenemos control sobre muchas cosas en nuestras vidas, pero el entorno en el que vivimos generalmente no es uno de esos. Recuerde, independientemente de dónde vivamos o de lo que nos rodea, no somos esclavos. No somos prisioneros. Cada uno de nosotros tiene el poder de elegir, y el poder de elección a menudo está completamente infravalorado o totalmente descuidado.

La cuestión es que, por lo general, no nos gusta tomar decisiones, especialmente las grandes decisiones que afectarán el resto de nuestras vidas. Incluso cuando se trata de opciones pequeñas, como qué refrigerio tomar en la mañana, a menudo dejamos que nuestros impulsos y miedos elijan por nosotros. Por ejemplo, ¿debo tomar un plátano o una barra de chocolate como refrigerio? El plátano es, sin duda, la opción más sabia y saludable. Sin embargo, ¿cuántos de nosotros consideraríamos eso antes de gravitar de inmediato a la barra de chocolate, con la promesa de un golpe de azúcar concentrado? Sin embargo, el breve aumento del placer sensorial que obtenemos de ese golpe de azúcar desaparecerá rápidamente, y volveremos a tener hambre y posiblemente irritables como resultado del choque posterior, mientras que con un plátano, nos sentiríamos más satisfechos y tener una liberación sostenida de energía.

Aquí es donde entra en juego el poder de elección. Independientemente de dónde nos encontremos ahora en la vida, casi siempre tenemos el poder de decidir dónde vamos a estar. Es tan simple, y difícil, como elegir ir allí.

A menudo posponemos tomar decisiones importantes porque elegir puede ser algo aterrador, especialmente cuando parece que estamos saliendo de nuestra zona de confort. Cuando tenemos una propensión al miedo, tomar una decisión se vuelve especialmente difícil, porque nos inclinamos a imaginar que si tomamos la decisión de cambiar nuestras vidas drásticamente, todo a lo que estamos acostumbrados, todo lo que sea cómodo para nuestro entorno (incluso si esas cosas son causa de estancamiento en nuestras vidas) se desmoronarán.

Sin embargo, el cambio es la única forma de avanzar, y para cambiar, tiene que elegir cambiar. No tiene que concentrarse y analizar cada elección que hace durante el día, pero sí debe ser más consciente de las diversas opciones que están disponibles para usted todos los días.

También debe prepararse para tomar una gran decisión. Póngase en el estado de ánimo adecuado y haga una lista de pros y contras, pero no permita que el miedo amplifique las preocupaciones que pueda tener sobre posibles dificultades. No posponga tomar una decisión por mucho tiempo; cuanto más lo deje, más intimidantes (y poco realistas) serán sus miedos. Y una vez que haya hecho una elección, debe seguirla. Solo así verá un cambio positivo en su vida.

Necesidades versus deseos

Muchas de nuestras decisiones principales giran en torno a las compras. Muchos de nosotros nos endeudamos, lo que afecta gravemente nuestra capacidad de emprender un nuevo camino en la vida o cambiar de carrera, de manera completamente innecesaria, al pagar las cosas que queremos (y luego lamentamos comprar) en lugar de pagar las cosas que realmente necesitamos.

Hacer una distinción clara entre lo que quiere y lo que necesita es extremadamente importante cuando se trata no solo de lograr la libertad financiera, sino también de tomar decisiones importantes sobre nuestro futuro.

En primer lugar, ¿cómo distinguimos entre deseos y necesidades? Bueno, hay necesidades esenciales que no podemos superar en la vida: un techo sobre nuestras cabezas, ropa para vestir, agua limpia para beber y comida para comer. El acceso a la atención médica también es una necesidad primaria, ya sea en forma de atención médica patrocinada por el estado o acceso a un seguro médico, dependiendo del país en el que viva. A menudo, un vehículo para desplazarse es una necesidad primaria, si vive en algún lugar sin buen transporte público.

Para la mayoría de nosotros, incluso aquellos que viven con bajos ingresos, al tomar decisiones acertadas, puede mantener fácilmente su gasto en estas necesidades básicas a menos del 50% de su ingreso neto. Esto es a lo que debe aspirar, independientemente de cuánto dinero gane por mes. Con el 50% restante, debe intentar ahorrar entre un 10 y un 20% o más si espera alcanzar rápidamente la libertad financiera, entonces, ¿en qué debería gastar el 30% restante?

Hay ciertas cosas que pueden no ser necesidades básicas, pero que todavía consideramos necesarias para una vida feliz y satisfactoria. Estas son cosas como membresías de gimnasios, equipos para su pasatiempo favorito, contratos de teléfono e internet, servicios de transmisión, un presupuesto de viaje, dinero para salir a comer a restaurantes o hacer otras actividades sociales como ir al cine.

Fuera de estos hay compras mucho más frívolas; más ropa de la que necesitamos, baratijas compradas para un breve lugar de entretenimiento, cosas que compramos simplemente porque estaban en oferta, comida chatarra excesiva, alcohol caro y muchas otras cosas.

Debe ser estricto con usted mismo y evaluar cuánto necesita realmente algo antes de pagarlo, especialmente si se trata de una compra mayor. Pregúntese, ¿aportará esto un verdadero valor a mi vida o es un placer fugaz de chicle? Esto también se aplica a artículos aparentemente menores que inflarán significativamente sus facturas de supermercado; ¿realmente necesita todos esos dulces y comida chatarra? Cuanto más comience a analizar conscientemente y separe sus necesidades reales de sus deseos, más fácil será tomar decisiones más sabias sobre sus gastos.

¿Está obteniendo la cantidad correcta de ejercicio y nutrición?

Hacer suficiente ejercicio y asegurarse de obtener una nutrición de calidad no solo es crucial para su salud, también es extremadamente importante cuando se trata de dormir bien, tener energía durante todo el día y ser productivo. Sin embargo, a muchos de nosotros nos resulta difícil comer sano y hacer ejercicio regularmente, incluso cuando tratamos de comprometernos a hacer estas cosas.

La diferencia entre quienes intentan hacer estos cambios y fracasan frente a quienes hacen esto y tienen éxito generalmente se reduce a la autodisciplina. Sin embargo, si tratamos de cambiar nuestras dietas y hábitos de ejercicio solo por la fuerza de la fuerza de voluntad, es probable que fallemos. Entonces, ¿cómo usamos la autodisciplina para asegurarnos de que comemos sano y hacemos ejercicio regularmente?

Un elemento clave es el de la planificación. Esto se aplica tanto a la dieta como al ejercicio. Al establecer horarios regulares para el ejercicio y escribirlos en un horario que pueda ver, será mucho más probable que lo cumpla. Además, elegir una forma de ejercicio que realmente disfrute a menudo hace la diferencia entre hacer un hábito a largo plazo y renunciar a unas pocas semanas. Además, muchas personas comienzan un programa de ejercicios demasiado ambicioso, con el objetivo de hacer ejercicio dos horas un día, siete días a la semana. Terminan quemándose, hiriéndose o abrumados, y luego se rinden. Planifique un programa de ejercicios sensato para usted, enfocándolo con objetivos realistas y alcanzables, que construya a tiempo y frecuencia de manera constante pero gradual.

Lo mismo vale para una alimentación saludable. Si simplemente arroja todos sus alimentos reconfortantes en el contenedor y llena su refrigerador con nada más que col rizada y lentejas, es probable que se sienta frustrado, se sienta privado y deje de comer sano. Elabore un programa de alimentación saludable; haga listas de alimentos saludables que le gusten y que desee incorporar a su dieta. Preste atención a lo que come y bebe todos los días y reconozca qué alimentos y bebidas no son saludables y adictivos, y comience a eliminarlos gradualmente, reemplazándolos por artículos más saludables.

Cuando se enfrenta a la tentación, ya sea para relajarse y no hacer ejercicio cuando está programado, o para comer comida chatarra o beber algo azucarado cuando intenta dejarlo, imagínese su futuro. Evoque una imagen mental vívida, imagínese más gordo y menos saludable como resultado de la elección que está haciendo ahora, y luego imagínese en forma y más saludable como resultado de hacer ese pequeño esfuerzo para comer la opción saludable o hacer esa sesión de ejercicio . A menudo, solo es necesario un pequeño empujón para superar el obstáculo de la resistencia, y una vez que comience esa sesión de ejercicio o elija la comida saludable en lugar de la poco saludable, se encontrará agradeciéndose por tomar la decisión correcta y preguntándose por qué incluso habías considerado ser flojo. Como con la mayoría de las cosas, cuanto más lo haga, más fáciles serán las elecciones correctas y más fuerte será su autodisciplina.

Aplicando la autodisciplina en sus relaciones

Un área en la que se garantiza que verá resultados agradables cuando comience a dominar la autodisciplina es el de sus relaciones. Generalmente, cuando entrena su "músculo" de autodisciplina y comienza a convertirse en un individuo más disciplinado con un dominio más fuerte sobre su fuerza de voluntad, se convierte en una versión mejor y más saludable de usted mismo con más ambición, impulso y energía, y una perspectiva más positiva en la vida.

Imagínese si su pareja romántica, mejor amigo o compañero de cuarto fuera negativo, perezoso y desmotivado la mayor parte del tiempo. Hicieron poco pero se deprimieron por la casa, quejándose y comiendo comida chatarra, pasando la mayor parte del tiempo en el sofá, viendo programas de televisión sin pensar. Mantuvieron horas irregulares, dejaron el lugar desordenado, se veían desaliñados y poco atractivos, y se deprimían cada vez que abrían la boca. ¿Sería alguien que lo inspiraría, que lo haría sonreír cada vez que los viera, cuya mera presencia lo energizaría?

Por supuesto, no ... así que si usted es esta persona ahora, el adicto al perezoso y negativo, ¿cómo puede esperar que la gente en su vida quiera estar cerca de usted, y mucho menos estar inspirado y energizado por su presencia?

Cuando comience a tomar decisiones que lo conviertan en una versión mejor, más positiva, más saludable y más disciplinada de sí mismo, los beneficios que obtendrá de convertirse en esta nueva persona se contagiarán a quienes están cerca de usted. Cuando manejas mejor su tiempo, una parte esencial para ser más autodisciplinado, tendrá más tiempo para sus amigos y familiares. Sus nuevos hábitos saludables los inspirarán a hacer cambios positivos en sus propias vidas, y es probable que lo acrediten por estos cambios.

También verá el mundo bajo una luz diferente cuando se vuelva más autodisciplinado. Podrá manejar mejor el estrés y lidiar con los problemas, y muchas personas pueden acudir a usted con consejos o buscarle inspiración y ayuda. Dado que un componente fuerte de la autodisciplina implica ver oportunidades cuando se presentan obstáculos y ser resistente frente a los desafíos, también podrá ayudar a otros a navegar estos problemas.

Encontrar el equilibrio perfecto

A menudo se dice que el equilibrio es la clave de todas las cosas. Cuando intenta hacer cambios importantes en su vida, es importante que se asegure de que todo esté equilibrado. A menudo nuestras vidas están desequilibradas debido a malas elecciones, malos hábitos y falta de cualquier tipo de planificación o programación. Sin embargo, balancearse demasiado en la dirección opuesta e intentar adaptarse a las sesiones diarias de ejercicio, comidas caseras, clases para aprender nuevas habilidades y otras cosas positivas, también pueden causar una falta de equilibrio y hacernos sentir agotados.

La clave para mantener una vida saludable y satisfactoria mientras se es productivo y avanza hacia sus objetivos es crear equilibrio. La mayoría de nosotros trabajamos cuarenta horas a la semana y tenemos viajes diarios de cinco días a la semana, además de tener que hacer otras cosas como comprar alimentos, recoger a los niños de la escuela y otras responsabilidades similares. Con todas estas cosas consumiendo nuestro tiempo y necesitando dormir durante siete u ocho horas por noche, puede parecer imposible perseguir un nuevo sueño, comenzar un nuevo pasatiempo o integrar una alimentación saludable y hacer ejercicio en nuestras vidas sin agotarse por completo y no teniendo tiempo para nosotros mismos.

Sin embargo, por difícil que parezca, no es imposible. En primer lugar, incluso cuando está haciendo todas estas cosas, si llegara a tiempo cada minuto por día que pasara desplazándose por las redes sociales, mirando programas de televisión tontos, jugando video o juegos móviles, navegando por Internet y haciendo otras pérdidas de tiempo actividades, probablemente encontraría que estaba quemando sin pensar dos, tres o incluso cuatro o cinco horas al día.

Una vez que elimine todas estas distracciones de su vida, de repente descubrirá que tiene mucho más tiempo libre para hacer las cosas que necesita hacer, como estudiar, trabajar en su negocio secundario, hacer ejercicio y cocinar comidas saludables. Además, si observa detenidamente y analiza cómo gasta su tiempo, es posible que descubra que no está haciendo las cosas de la manera más eficiente posible. Por ejemplo, ¿está yendo a las tiendas todos los días para comprar un poco de esto, y poco de eso, en lugar de ir al supermercado una vez por semana y comprar todo lo que necesita durante una semana a la vez? ¿Pasa una hora todos los días deliberando sobre qué comer para la cena, y luego, después de todo ese tiempo, debatiendo el pedido de una pizza para llevar de todos modos?

Cuando programe todo y haga todo lo posible para simplificar su horario, descubrirá que de repente tiene mucho más tiempo disponible de lo que pensaba. Sin embargo, aquí es donde entra en juego el concepto de equilibrio: no necesita gastar cada minuto de su tiempo de vigilia para ser productivo. Esa es una buena manera de sacarse provecho.

En su lugar, asegúrese de que, además de hacer lo que necesita hacer y trabajar en formas de mejorar, se tome el tiempo adecuado cada semana para relajarse con su familia y amigos, y también tener algo de tiempo para usted. No sacrifique este valioso tiempo de inactividad solo para intentar convertirse en una máquina, porque si las máquinas no recargan sus baterías, se descomponen.

CAPÍTULO DOCE - ¿QUÉ MÁS PUEDE HACER?

El enfoque de zanahoria y palo

Todos han escuchado sobre el método para hacer que un burro obstinado avance moviendo una zanahoria fresca y jugosa frente a su cara, mientras lo empujan con un palo por detrás. En este caso, la zanahoria es la recompensa por moverse, mientras que el palo se da como castigo por no moverse.

En nuestras propias vidas, podemos usar un enfoque de "zanahoria y palo" para motivarnos. Sin embargo, como dije en el capítulo anterior, el equilibrio es clave; demasiada recompensa por muy poco esfuerzo conduce a la flojedad y la pereza, mientras que ser demasiado estrictos y castigarnos incluso por infracciones menores puede generar sentimientos de culpa, vergüenza e inutilidad, lo que hace mucho más daño que bien.

Las recompensas son una excelente manera de alentarnos a realizar tareas, hacerlas bien y ser diligentes y regulares al realizarlas. Solo asegúrese de que la recompensa no cancele lo que estaba tratando de lograr. Por ejemplo, sería una idea terrible "recompensarlo" con una gran bebida gaseosa, una hamburguesa y papas fritas después de una sesión de entrenamiento. En cambio, asegúrese de que sus recompensas estén en línea con sus objetivos. Una recompensa mucho mejor para este ejemplo sería un batido de proteínas, una ducha caliente y tal vez media hora de ver su programa favorito.

Del mismo modo, no sea demasiado duro con usted mismo cuando se equivoca, porque no importa lo que estés haciendo, eventualmente se equivocará. Claro, puede instituir un sistema de castigo por deslizarse constantemente, por ejemplo, negarse a sí mismo cualquier televisor por un día si no logra entrenar, pero no haga que estos castigos sean demasiado duros o estrictos, y sea compasivo con usted mismo cuando se trata de sus fallas.

Una práctica diaria

He mencionado algunas veces cuán importante es la perseverancia, y la consistencia es igualmente importante cuando se trata de ser más autodisciplinado y fortalecer su fuerza de voluntad. Para aprovechar al máximo la autodisciplina y desarrollarla de manera efectiva, debe incorporarla a su rutina y asegurarse de que sea algo en lo que trabaje todos los días.

Algo importante para recordar cuando cambias sus hábitos y su vida es que va a ser un poco incómodo, y que habrá dolor y resistencia mental por los que tendrá que apretar los dientes y poder. Pasamos demasiado de nuestras vidas evitando el menor indicio de incomodidad, sin darnos cuenta de que solo podemos crecer al salir de nuestras zonas de confort.

Además de estar dispuestos a superar nuestros límites de comodidad al menos un poco todos los días, debemos asegurarnos de estar listos para comenzar lo que esencialmente será un maratón. Lograr el dominio sobre la autodisciplina no ocurre de la noche a la mañana; es un proceso largo, compuesto de muchos pasos. La buena noticia es que, cuando lo divide en secciones pequeñas y manejables, puede comenzar a dominarlo de manera mucho más rápida y efectiva de lo que podría haber pensado.

Antes de comenzar, asegúrese de haber eliminado tanto desorden y distracción como pueda de su vida, y asegúrese de tener un plan que seguir. ¡Elabore un horario y sígalo! Esto es especialmente importante. Sin un plan y un cronograma, eres como un barco que se embarca en un viaje a través del mar sin ningún instrumento de navegación o mapa. Asegúrese de ejercitar su "músculo de autodisciplina" todos los días: cuanto más lo trabaje, más fuerte se volverá.

Seguimiento de su progreso

¿Cuándo es más intimidante un maratón o una escalada? La respuesta a esto es cuando está a punto de dar su primer paso, y vea esta enorme tarea aparentemente insuperable por delante. Romper el viaje en trozos manejables es una excelente manera de hacer que parezca mucho menos aterrador, pero por otro lado de esa moneda, también debemos asegurarnos de no centrarnos demasiado en estos pequeños pasos.

Seguir su progreso es vital; necesitamos ver qué tan lejos hemos llegado en un viaje para saber cuánto queda. También es un gran motivador; cuando vea el progreso que ha realizado, se sentirá bien consigo mismo y se sentirá motivado para continuar. Sin embargo, a veces, si se enfoca demasiado en esos pequeños pasos y no lo suficiente en la meta al final de ellos, corre el riesgo de volverse complaciente y no esforzarse más para mejorar.

Por esta razón, cuando realiza un seguimiento de su progreso, no solo debe verificar que realmente ha hecho algo, sino que también debe verificar que realmente está progresando en lugar de realizar los movimientos con una actividad.

Una excelente manera de realizar un seguimiento de su progreso es en un diario o en un calendario. Escriba cada paso que haya dado y mida su progreso en una métrica relevante para su actividad. Por ejemplo, si su objetivo es correr una maratón, escriba cuántas millas recorre y a qué hora las corre cada vez que corre.

Cuando utiliza cualquiera de estas dos herramientas, cuando mira hacia atrás después de algunas semanas, o mejor, de unos meses de trabajo constante y perseverancia, tiene la garantía de ver cuánto progreso ha logrado. Esta es una herramienta maravillosamente poderosa cuando se trata de impulsar la motivación y fortalecer la fuerza de voluntad.

¡Es la era de la tecnología!

Nuestras vidas en estos días a menudo giran en torno a la tecnología, y si bien gran parte de esto es muy molesto y perjudicial para nuestra capacidad de atención y salud general, definitivamente podemos cambiar las tornas en tecnología y usarla para nuestra ventaja, esgrimiéndola para ser más productivos, y usarlo como una herramienta útil para realizar un seguimiento de nuestro progreso.

En esta sección, hablaré sobre algunas aplicaciones que son útiles para seguir el progreso y mantenernos motivados para trabajar hacia nuestros objetivos. Personalmente, prefiero un buen diario en papel que pueda garabatear, pero muchas aplicaciones son fantásticas cuando se trata de motivación y productividad.

Para las tareas diarias, **Todoist** es difícil de superar. Puede agregar tareas por voz o mecanografía, priorizarlas según su importancia y asignar fechas límite a cada tarea. También "completa" la finalización de tareas al permitirle ganar puntos por completar tareas con éxito.

Para progresar hacia objetivos a largo plazo y crear hábitos saludables (o deshacerse de los no saludables), **Habitica** es una gran aplicación para usar. Utiliza una estructura RPG (juego de rol), en la que puede "subir de nivel" y ganar elementos virtuales cuando completa tareas o series de tareas, agregando un elemento divertido para progresar.

Si todo lo que busca es un bloc de notas digital, y no necesita ningún adorno o punto virtual, **Simplenote** podría ser justo lo que está buscando. No hay nada que lo distraiga, ni gamificación de nada, es casi como un bloc de notas de papel, excepto en una tableta o teléfono. Sin embargo, una característica útil es la capacidad de agregar archivos multimedia.

Una aplicación interesante para mantenerse enfocado y alargar su capacidad de atención es una llamada **Forest**. En esta aplicación, establece un tiempo para el tiempo que necesita concentrarse y luego continúa con su tarea. En el momento en que comienza, se planta una plántula virtual. Si puede resistirse a jugar con su teléfono, se convertirá en un árbol cuando se acabe el tiempo, pero si se detiene prematuramente y rompe su concentración, el árbol virtual muere.

Para desarrollar la atención plena, pocas aplicaciones son mejores que **Headspace**. Requiere una suscripción, pero funciona de maravilla en términos de meditaciones guiadas y le permite desarrollar la atención necesaria para fortalecer la fuerza de voluntad y la autodisciplina.

CONCLUSIÓN

Bien, ahora ha leído el libro y ha llegado al final.
Ahora está parado en una bifurcación en el camino
que es su vida. Dirigirse a la izquierda es un camino
fácil y abierto. No hay obstáculos, y es un ligero
descenso, lo que hace que caminar sea aún más fácil.
Este es el camino que puede seguir si, a pesar de todo
lo que ha aprendido sobre los beneficios de dominar
la autodisciplina, la fuerza de voluntad y la atención
plena, no desea cambiar nada sobre usted. Tome este
camino fácil si está 100% satisfecho con el lugar
donde se encuentra ahora, los hábitos que dictan su
comportamiento diario y la dirección en la que se
dirige su vida. No habrá vistas magníficas a lo largo
de este camino, ni vistas dramáticas, ni triunfos, ni
gloria, ni inmenso sentimiento de satisfacción
cuando llegue al final. El camino eventualmente se
acabará en la nada.

Bifurcar a la derecha es un camino completamente
diferente. Este camino es una caminata cuesta arriba,
y puede estar seguro de que partes de él serán rocosas
y difíciles de navegar. Este es el camino que debe
tomar si desea cambiar su vida, deshacerse de sus
malos hábitos y reemplazarlos por otros buenos,
convertirse en una persona más optimista y
consciente, y dominar el arte de la autodisciplina. Si
bien este camino es más difícil, y hay muchos más

desafíos de esta manera, verá vistas que nunca podría imaginar en el camino fácil. Experimentará cosas con las que los caminantes del camino fácil no pueden soñar. Superará los desafíos con triunfo y encontrará una fuerza y una resolución que nunca tuvo. Servirá de inspiración a los demás, brillando intensamente, mientras que el viejo simplemente lo habría escondido en las sombras. A lo largo de este camino hay vistas maravillosas, hitos sorprendentes en el camino y un mundo por ganar.

Como dije al comienzo del libro, dominar la autodisciplina no es algo particularmente complejo de hacer. Es algo que cualquiera puede lograr, independientemente de sus circunstancias. Los beneficios que obtiene al dominar la autodisciplina y fortalecer su fuerza de voluntad tocarán todos los aspectos de su vida: sus relaciones, sus finanzas, sus niveles de salud y estado físico, su apariencia, su dominio de habilidades y pasatiempos, su nivel de optimismo, su capacidad para lidiar y resolver problemas, su capacidad para soportar dificultades e incomodidades, su tenacidad ante los desafíos y el logro de sus objetivos.

Las recompensas por dominar estas habilidades son inmensas, pero no se pueden comprar con dinero, no importa cuán rico sea. Solo se pueden pagar con tiempo, repetición y perseverancia obstinada.
Cuando desorganice su vida, elimine las distracciones, comience a sacudir los malos hábitos y los reemplace con los buenos, comenzará a ver el mundo entero bajo una luz diferente. Desbloqueará

el potencial que ha estado esperando toda su vida para ser liberado. Aprenderá el valor de la persistencia y apreciará más las cosas, porque comprenderá el valor de trabajar duro para conseguirlas.

Pero desarrollar la autodisciplina y una fuerte voluntad no se trata solo de trabajar duro; como mencioné algunas veces en este libro, también se trata de trabajar de manera inteligente. Al crear un cronograma, hacer planes detallados para lograr sus objetivos de visión y objetivos a largo plazo, y dividir estas tareas en trozos manejables, y seguir su progreso todos los días, y trabajar continuamente en sus habilidades y tareas como un corredor de maratón un paso determinado tras otro, se convertirá en una nueva persona. Sus objetivos ya no parecerán sueños de pastel en el cielo; serán tan reales y concretos para usted como este libro está en sus manos (o como este dispositivo en el que está leyendo este libro).

La autodisciplina y la fuerza de voluntad son verdaderos cambiadores de juego en el viaje llamado vida. Le he mostrado cómo desarrollarlos y cómo trabajar para alcanzar sus objetivos. Todo lo que le queda por hacer ahora es ... comenzar.

FUENTES

Allan, P. (2014, Agosto 11). How (and Why) to Develop Your Mental Toughness. Recuperado de https://lifehacker.com/how-and-why-to-develop-your-mental-toughness-1619305771

Alton, L. (2020, Marzo 18). 7 Practical Tips to Achieve a Positive Mindset. Recuperado de https://www.success.com/7-practical-tips-to-achieve-a-positive-mindset/

Bialylew, E. (2017, Abril 24). Six tips for managing tough times with mindfulness. Recuperado de https://mindlifeproject.com/six-tips-managing-tough-times-mindfulness/

Bryner, J. (2009, Agosto 3). Temptation Harder to Resist Than You Think, Study Suggests. Recuperado de https://www.livescience.com/10556-temptation-harder-resist-study-suggests.html

Bryner, J. (2009, Agosto 3). Temptation Harder to Resist Than You Think, Study Suggests. Recuperado de https://www.livescience.com/10556-temptation-harder-resist-study-suggests.html

Canfield, J. (2020, Febrero 28). How to Create an Empowering Vision Board. Recuperado de https://www.jackcanfield.com/blog/how-to-create-an-empowering-vision-book/

Clear, J. (2020, Febrero 4). How to Break a Bad Habit and Replace It With a Good One. Recuperado de https://jamesclear.com/how-to-break-a-bad-habit

Cronje, D. (2012, Febrero 28). The Nike Guide to Overcoming Procrastination. Recuperado de https://www.lifehack.org/articles/productivity/the-nike-guide-to-overcoming-procrastination.html

Daum, K. (2020, Febrero 6). 4 Tips For Overcoming Obstacles. Recuperado de https://www.inc.com/kevin-daum/4-tips-for-overcoming-obstacles.html

DeMers, J. (2020, Febrero 6). 7 Procrastination Excuses and How to Defeat Them. Recuperado de https://www.inc.com/jayson-demers/7-procrastination-excuses-and-how-to-defeat-them.html

Deol, J. (2018, Julio 31). Why Self-Discipline is so Hard. Recuperado de https://www.freedominthought.com/archive/why-self-discipline-is-so-hard

E. (2019, Enero 24). Rewire Your Brain to Beat Procrastination - Taking Note. Recuperado de https://medium.com/taking-note/rewire-your-brain-to-beat-procrastination-30b7d172c9d2

Fahkry, T. (2018, Abril 5). Here Are 5 Ways To Face Your Demons And Free Yourself From The Pain Of The Past. Recuperado de https://medium.com/the-mission/here-are-5-ways-to-face-your-demons-and-free-yourself-from-the-pain-of-the-past-a8c8fccbdd04

Ferriss, T. (2020, Abril 20). Fear-Setting: The Most Valuable Exercise I Do Every Month. Recuperado de https://tim.blog/2017/05/15/fear-setting/

Frankton, J. (2014, Junio 29). The 4 Main Causes Of Procrastination Revealed. Recuperado de https://motivationgrid.com/4-main-causes-procrastination-revealed/

Gage, K. (2018, Julio 12). Why You Procrastinate, Or Fail To Choose - The Startup. Recuperado de https://medium.com/swlh/why-you-procrastinate-or-fail-to-choose-a47431b5e969

Greater Minds Ltd. (2012, Julio 8). What Is The Law Of Attraction? Open Your Eyes To A World Of Endless Possibilities. Recuperado de https://www.thelawofattraction.com/what-is-the-law-of-attraction/

Haden, J. (2020, Febrero 6). 7 Habits of People With Remarkable Mental Toughness. Recuperado de https://www.inc.com/jeff-haden/7-habits-of-people-with-remarkable-mental-toughness.html

Holub, A. (2019, Mayo 13). 7 Ways to Stay Focused at Work Even When You're Distracted. Recuperado de https://www.payscale.com/career-news/2019/05/7-ways-to-stay-focused-at-work-even-when-youre-feeling-super-distracted

How to Make Good Habits Stick: 7 Secrets From Research. (2020, Marzo 9). Recuperado de https://liveboldandbloom.com/12/habits/how-to-make-good-habits-stick

Huber, L. (2020, Enero 22). 8 Reasons You Lack Motivation — and How to Fix it - The Startup. Recuperado de https://medium.com/swlh/8-reasons-you-lack-motivation-and-how-to-fix-it-578664a544f8

James, S. (2019, Diciembre 9). How To Reset Your Mind: Dopamine Detox. Recuperado de https://projectlifemastery.com/reset-your-mind/

Jimenez, J. (2016, Julio 27). 18 Must-Have Apps to Become Your Best Self. Recuperado de https://www.success.com/18-must-have-apps-to-become-your-best-self/

Kaufman, S. B. (2014, Marzo 19). Are You Mentally Tough? Recuperado de https://blogs.scientificamerican.com/beautiful-minds/are-you-mentally-tough/

MacKay, J. (2020, Febrero 20). How to Prioritize Work: 7 Practical Methods for When "Everything is Important" Recuperado de https://blog.rescuetime.com/how-to-prioritize/

Manson, M. (2020, Marzo 19). If Self-Discipline Feels Difficult, Then You're Doing It... Recuperado de https://markmanson.net/self-discipline

Marquit, M. (2015, Agosto 26). Do You Understand Your Priorities? Recuperado de https://due.com/blog/do-you-understand-your-priorities/

Mason, T. (2019, Julio 10). 4 Simple Steps To Track Your Progress Towards Your Goals. Recuperado de https://www.lifehack.org/articles/productivity/4-ways-track-your-progress-toward-your-goals.html

McCracken, M. (2020, Febrero 6). 6 Unexpected Ways to Create Good Habits--And Actually Keep Them. Recuperado de https://www.inc.com/mareo-mccracken/6-unexpected-ways-to-create-good-habits-and-actually-keep-them.html

McCracken, M. (2020b, Febrero 6). The Real Reason Setting Goals Is So Critical to Success. Recuperado de https://www.inc.com/mareo-mccracken/the-real-reason-setting-goals-is-so-critical-to-success.html

Menyeh, B. O. (2017, Junio 17). 7 Powerful Strategies On How To Deal With Setbacks - The Ascent. Recuperado de https://medium.com/the-ascent/7-powerful-strategies-on-how-to-deal-with-setbacks-b2b18c4d8833

Mind Over Matter - The New York Times. (1996, Febrero 25). Recuperado de https://www.nytimes.com/1996/02/25/weekinreview/ideas-trends-yes-there-is-such-a-thing-as-mind-over-matter.htm

Mineo, L. (2018, Abril 17). Less stress, clearer thoughts with mindfulness meditation. Recuperado de https://news.harvard.edu/gazette/story/2018/04/less-stress-clearer-thoughts-with-mindfulness-meditation/

Morin, A. (2020, Febrero 6). 10 Signs You're a Mentally Strong Person (Even Though Most People Think These Are Weaknesses). Recuperado de https://www.inc.com/amy-morin/10-signs-youre-a-mentally-strong-person-even-though-most-people-think-these-are-weaknesses.html

Morin, A. (2020a, Febrero 6). 6 Ways to Stop Overthinking Everything. Recuperado de https://www.inc.com/amy-morin/6-ways-to-stop-overthinking-everything.html

Muse, T. (2013, Enero 8). Just Do It: How to (Finally!) Stop Procrastinating. Recuperado de https://www.forbes.com/sites/dailymuse/2013/01/08/just-do-it-how-to-finally-stop-procrastinating/#215bb2956b6c

National Post. (2019, Diciembre 6). Is dopamine fasting a way to "reset" your brain or just another dubious Silicon Valley trend? Recuperado de https://nationalpost.com/health/what-is-dopamine-fasting

Nesland, G. (2017, Diciembre 14). Why Challenges And Problems Are Important In Life. Recuperado de https://www.fastcompany.co.za/inspiration/why-

challenges-and-problems-are-important-in-life-
12411996

Nordstrom, D. S. A. T. (2017, Octubre 12). 10
Signs You Might Be Leadership Material, From 10
Experts Who Know. Recuperado de
https://www.forbes.com/sites/davidsturt/2017/10/12
/10-signs-you-might-be-leadership-material-from-
10-experts-who-know/#15bef4ee35a0

O'Brien, M. (2019, Abril 4). How to Use
Mindfulness in Times of Crisis and Challenge.
Recuperado de https://mrsmindfulness.com/how-to-
use-mindfulness-in-times-of-crisis-challenge/

Olsen, H. B. (2014, Septiembre 11). Want to
Succeed? Stop Planning and Start Doing.
Recuperado de
https://www.creativelive.com/blog/stop-planning-
and-start-doing/

Oppong, T. (2020, Enero 3). Psychologists Explain
How To Stop Overthinking Everything. Recuperado
de https://medium.com/kaizen-
habits/psychologists-explain-how-to-stop-
overthinking-everything-e527962a393

Premier Media. (2016, Octubre 4). Tools: 30 day
challenges for greater self-discipline (Part 1 of 3).
Recuperado de
https://artofselfhood.com/2015/01/08/tools-30-day-
challenges-for-greater-self-discipline-part-1-of-3/

Pullein, C. (2020, Febrero 11). How to Focus and Concentrate Better to Boost Productivity. Recuperado de https://www.lifehack.org/articles/productivity/how-to-improve-your-concentration.html

Raj, A. (2017, Junio 5). 14 Ways To Better Your Career With Self-Discipline [INFOGRAPHIC]. Recuperado de https://www.classycareergirl.com/2017/06/better-career-self-discipline-14-ways/

Rampton, J. (2018, Noviembre 16). The 5 Things in Life that are More Valuable than Money. Recuperado de https://www.johnrampton.com/the-5-things-in-life-that-are-more-valuable-than-money/

Razzetti, G. (2019, Septiembre 16). How to Lead a Well Balanced Life. Recuperado de https://liberationist.org/how-to-lead-a-well-balanced-life/

ROBBINS RESEARCH INTERNATIONAL, INC. (2018, Diciembre 12). What are you afraid of? Recuperado de https://www.tonyrobbins.com/mind-meaning/what-are-you-afraid-of/

Ryan, L. (2017, Noviembre 7). Ten Signs You're Leadership Material -- And Ten Signs You're Not. Recuperado de https://www.forbes.com/sites/lizryan/2017/11/06/ten-signs-youre-leadership-material-and-ten-signs-youre-not/#54ee94333b6b

S.J. Scott. (2020, Febrero 25). How to Form a New Habit (in 8 Easy Steps). Recuperado de https://www.developgoodhabits.com/how-to-form-a-habit-in-8-easy-steps/

S.J. Scott. (2020a, Febrero 19). 8 Causes of Procrastination & Why People Put Things Off. Recuperado de https://www.developgoodhabits.com/causes-of-procrastination/

S.J. Scott. (2020c, Abril 8). 7 Types of Goals: The Ultimate Guide to Goal Categories. Recuperado de https://www.developgoodhabits.com/types-of-goals/

Salzgeber, N. (2019, May 4). How to Overcome Severe Procrastination (4 Steps). Recuperado de https://www.njlifehacks.com/how-to-overcome-severe-procrastination/

Say, M. (2013, Diciembre 13). 5 Powerful Exercises To Increase Your Mental Strength. Recuperado de https://www.forbes.com/sites/groupthink/2013/12/03/5-powerful-exercises-to-increase-your-mental-strength/#67f790c64cda

Sicinski, A. (2018, Diciembre 10). Do You Struggle with Instant Gratification? You Must Try These 5 Steps. Recuperado de https://blog.iqmatrix.com/instant-gratification

Sonnenberg, F. (2017, Marzo 14). Change Your Priorities: Change Your Life. Recuperado de https://www.franksonnenbergonline.com/blog/change-your-priorities-change-your-life/

Spacey, J. (2020, Enero 20). 9 Examples of Discipline. Recuperado de https://simplicable.com/new/discipline

Spacey, J. (2020, Enero 20). 9 Examples of Discipline. Recuperado de https://simplicable.com/new/discipline

Spitkoski, J. (2019, Enero 29). Time Is The Most Valuable Thing You Have - Jason Spitkoski. Recuperado de https://medium.com/@JasonSpitkoski/time-is-the-most-valuable-thing-you-have-bd96d8bbe6b7

Tank, A. (2020, Marzo 14). Just Do It: How to Work When You Really Don't Feel Like It. Recuperado de https://www.entrepreneur.com/article/328905

The benefits of self-discipline. Profit from consistency. (2017, Abril 12). Recuperado de https://www.coachingpositiveperformance.com/benefits-self-discipline-profit-consistency/

Tracy, B. (2019, Octubre 17). Transform Your Life With The Power of Positive Thinking. Recuperado de https://www.briantracy.com/blog/personal-success/positive-attitude-happy-people-positive-thinking/

Vasisht, P. (2020, Marzo 2). Wants vs needs - understanding ourselves better | Thoughts And Ideas. Recuperado de https://medium.com/indian-thoughts/wants-vs-needs-understanding-ourselves-better-96a2c35fbc23

Villalon, C. (2018, Noviembre 7). 15 Inspiring Tips to Overcome Life Challenges. Recuperado de https://inspiringtips.com/inspiring-tips-to-overcome-life-challenges/

Vozza, S. (2015, Agosto 26). 8 Ways To Improve Your Focus. Recuperado de https://www.fastcompany.com/3050123/8-ways-to-improve-your-focus

Wargo, E. (2011, Marzo 16). Resisting Temptation. Recuperado de https://www.psychologicalscience.org/observer/resisting-temptation

Why People Procrastinate: The Psychology and Causes of Procrastination. (2019, Abril 19). Recuperado de https://solvingprocrastination.com/why-people-procrastinate/

Williams, R. (2013, Noviembre 25). A new look at the "carrot and stick" approach to motivation. Recuperado de https://business.financialpost.com/executive/careers/a-new-look-at-the-carrot-and-stick-approach-to-motivation

CPSIA information can be obtained
at www.ICGtesting.com
Printed in the USA
BVHW041028071220
595087BV00007B/486

9 781801 340373